Medien und Demokratie – was der Journalismus heute leistet

Schriftenreihe der Demokratie-Stiftung der Universität zu Köln

Herausgegeben von
der Demokratie-Stiftung der Universität zu Köln

Band 1

PETER LANG

Frankfurt am Main · Berlin · Bern · Bruxelles · New York · Oxford · Wien

Medien und Demokratie –
was der Journalismus heute leistet

PETER LANG
Internationaler Verlag der Wissenschaften

Bibliografische Information der Deutschen Nationalbibliothek
Die Deutsche Nationalbibliothek verzeichnet diese Publikation
in der Deutschen Nationalbibliografie; detaillierte bibliografische
Daten sind im Internet über http://dnb.d-nb.de abrufbar.

Umschlaggestaltung:
© Olaf Gloeckler, Atelier Platen, Friedberg

ISSN 2194-1572
ISBN 978-3-631-63861-3
© Peter Lang GmbH
Internationaler Verlag der Wissenschaften
Frankfurt am Main 2012
Alle Rechte vorbehalten.

www.peterlang.de

Vorwort

Freie Medien sorgen, so die vielleicht etwas idealtypische Vorstellung von Gesetzgebung und Rechtsprechung seit Gründung der Bundesrepublik Deutschland, für die freie, individuelle und öffentliche Meinungs- und Willensbildung der Bevölkerung, ohne die eine Demokratie nicht funktioniert. Die Medien liefern die Informationen und der gut informierte Bürger versteht, urteilt – und wählt. Danach handelt die Politik, und die Medien berichten distanziert und wahrheitsgemäß über die Ergebnisse des politischen Handelns. So erfüllen, zumindest theoretisch, die Medien ihre so genannte Demokratiefunktion. In der Literatur wurden für die Medien deshalb auch so hübsche Sprachbilder wie das vom „Kitt" oder „Scharnier" der Gesellschaft gefunden.

Nun vollzieht sich seit einigen Jahren eine Reihe von Entwicklungen, die durchaus geeignet sein könnten, genau diese Funktion der Medien zu beeinträchtigen. Da vermischen sich Politik und Medien, wie nicht zuletzt am Aufstieg und Fall des Freiherrn von und zu Guttenberg für jedermann leicht erkennbar war. Da wird die Öffentlichkeitsarbeit der Politik und – besonders – die der Unternehmen wird immer aufwändiger und präziser auf die Instrumentalisierung und Steuerung der Medien ausgerichtet. Und da werden gleichzeitig innerhalb der Medien in großem Umfang journalistische Ressourcen gekürzt, weil die Umsätze der nicht mit Gebühren bedachten Medien dramatisch schrumpfen. Manchen Beobachtern scheint es, als hätten die Medien mit ihren Umsätzen auch ihre journalistischen Möglichkeiten und Fähigkeiten verloren.

Ist mit den beschriebenen Entwicklungen bereits die Demokratiefunktion der Medien gefährdet? Bröselt – um die Sprachbilder aus der Literatur aufzunehmen – der Kitt, bricht das Scharnier?

Die Demokratie-Stiftung der Universität zu Köln hat im Sommer 2011 in Kooperation mit der Deutschen Welle auf einem wissenschaftlichen Symposium in Bonn die Antwort auf diese Frage gesucht. Namhafte Medienwissenschaftler, Juristen wie Sozialwissenschaftler, Journalisten wie Öffentlichkeitsarbeiter, analysierten differenziert: Was erwarten Rechtsprechung und Gesetzgeber von den Medien? In wie weit werden diese Erwartungen gegenwärtig erfüllt? Was gilt dabei für die Presse und was für den Rundfunk? Wie groß ist jeweils der Einfluss der Öffentlichkeitsarbeit? Und wie erfüllt der Deutsche Presserat als Organ der freiwilligen Selbstkontrolle der Presse seine Aufgaben in diesem Prozess? Der vorliegende Tagungsband bündelt die Referate zu diesen Fragen. Dabei werden auch Statements aus dem Kreis anderer Tagungsteilnehmer dokumentiert.

Der besondere Dank der Herausgeber gilt den Referenten des Symposiums für ihre herausragenden Beiträge und den wissenschaftlichen Mitarbeiterinnen der Universität zu Köln für die Organisation von Veranstaltung und Tagungsband.

Köln, im Juni 2012   Volker Wolff

Inhaltsverzeichnis

Was Rechtsprechung und Gesetzgeber von den Medien fordern·

Univ.-Prof. Dr. Dieter Dörr··
Johannes Gutenberg-Universität Mainz

I. Einleitung

Zunächst möchte ich die Thematik meines Vortrages ein wenig variie-
ren. Rechtsprechung und Gesetzgeber stellen nicht in erster Linie Forderungen an die Medien, sondern setzen Erwartungen in sie. Deshalb
gesteht die Verfassung in Art. 5 Abs. 1 Satz 2 GG den Massenmedien
eine weitreichende Freiheit zu, die der Gesetzgeber ausgehend von der
Rechtsprechung des Bundesverfassungsgerichts auszugestalten hat.
Eingriffe in die Medienfreiheiten, also in die Presse-, Rundfunk- und
Filmfreiheit, die in Art. 5 Abs. 1 Satz 2 GG ausdrücklich genannt
werden, sind nur ausnahmsweise zulässig; im Zweifel ist stets zugunsten der freien Presse und des freien Rundfunks zu entscheiden. Der

---

* Erweiterte und um Fußnoten ergänzte Fassung des Vortrages, den der Ver-
fasser bei dem Symposium „Medien und Demokratie" gehalten hat, das von
der Demokratie-Stiftung der Universität zu Köln am 4. Juli 2011 im Gremi-
ensaal der Deutschen Welle in Bonn veranstaltet wurde. Der Vortrag beruht
auf Überlegungen, die in verschiedenen Veröffentlichungen des Verfassers
ihren Niederschlag gefunden haben, vgl. etwa DÖRR/ S. SCHIEDERMAIR,
Die zukünftige Finanzierung der deutschen Universitäten, Schriftenreihe
des Deutschen Hochschulverbandes, Heft 72, Bonn 2004; DÖRR/SÄNGER,
Integration als Auftrag, in: Medien Spaltpilze der Gesellschaft?, München
2008, 11 ff.
** Inhaber des Lehrstuhls für Öffentliches Recht, Völker- und Europarecht,
Medienrecht an der Johannes Gutenberg-Universität Mainz, Direktor des
Mainzer Medieninstituts und Mitglied der Kommission zur Ermittlung der
Konzentration im Medienbereich (KEK).

Grund dafür, dass den Medien ein so weitreichender Freiraum zuge-billigt wird, ist die besondere Funktion, die Presse, Rundfunk und auch die neuen Medien, die juristisch als Telemedien bezeichnet wer-den, in einer demokratischen Gesellschaft erfüllen. Dazu muss man zunächst einen Überblick über die fundamentalen Leitlinien geben, die das Bundesverfassungsgericht in seiner Rechtsprechung entwickelt hat.

Dabei stehen der demokratische Auftrag der Medien und ihre kulturel-le Aufgabe im Mittelpunkt meiner Betrachtungen. Weil die Medien diese Aufgaben erfüllen bzw. jedenfalls erfüllen sollen, wird ihnen ein umfassender grundrechtlich gesicherter Freiraum zugestanden. Be-merkenswert ist in diesem Zusammenhang, dass die kulturelle Aufga-be in der öffentlichen Diskussion kaum Beachtung findet, obwohl ge-rade sie in einer pluralistischen Gesellschaft stets an Bedeutung ge-winnt.

II. Die Funktion der Medien und das Demokratieprinzip

1. Presse- und Rundfunkfreiheit als dienende Freiheiten

Das Bundesverfassungsgericht geht in ständiger Rechtsprechung da-von aus, dass die Pressefreiheit und vor allem die Rundfunkfreiheit als „dienende Freiheit" zu verstehen sind.[1] Dem liegt die Überlegung zu-grunde, dass die Grundrechte üblicherweise Freiheiten enthalten, die der Selbstverwirklichung des Individuums dienen und damit subjek-tiv-rechtliche, individuellen Eigeninteressen dienende Handlungsrech-te bilden. Daneben gibt es aber auch Verbürgungen von Befugnissen, die im Interesse Dritter gegen den Zwang und die Intervention des

---

1   Vgl. BVerfGE 87, 181, 197; 83, 238, 295; 57, 295, 319.

Staates abgeschirmt sind. Bei diesen Grundrechten spricht man von dienenden oder drittnützigen Freiheitsrechten. Der Sinn der Freiheit liegt in diesem Fall darin, einem Rechtssubjekt, also dem Presseunternehmen, der Rundfunkanstalt oder dem privaten Rundfunkveranstalter, Handlungs-, Gestaltungs- und Entscheidungsautonomie zuzuerkennen, weil entweder ein öffentliches Interesse an einem aus autonomer Gestaltung, Handlung und Entscheidung hervorgegangenen geistigen oder gegenständlichen Produkt besteht[2] oder weil die Abschirmung von Handlungsbefugnissen der Gewährleistung des Rechts- und Freiheitsstatus Dritter dient. Diese letztgenannte Kategorie von drittnützigen Freiheitsrechten, zu der klassischer Weise die Rundfunkfreiheit zu zählen ist, kann am sinnfälligsten als dienende Freiheitsgewährleistung bezeichnet werden.[3]

Die Presse- und die Rundfunkfreiheit dienen nach dieser Vorstellung der freien, individuellen und öffentlichen Meinungsbildung und sind demnach auch eine Grundvoraussetzung für eine funktionsfähige Demokratie. Das Bundesverfassungsgericht geht wegen dieses dienenden Charakters davon aus, dass sich der Schutz des Art. 5 Abs. 1 Satz 2 GG nicht in der Abwehr staatlicher Einflussnahmen erschöpfe. Vielmehr gebiete die Rundfunkfreiheit sogar die Schaffung einer positiven Ordnung, die die Meinungsvielfalt gewährleiste und sicherstelle, dass der Rundfunk einzelnen gesellschaftlichen Gruppen oder gar einer einzigen gesellschaftlichen Gruppe ebenso wenig wie dem Staat ausgeliefert wird. Bei der Presse genüge es dagegen, auf den Markt und

---

2   So verhält es sich etwa bei der verfassungsrechtlichen Gewährleistung der Freiheit von Forschung und Lehre zugunsten der Universitätsprofessoren, andeutungsweise in diesem Sinn BVerfGE 47, 327, 379.

3   Vgl. NIEPALLA, Die Grundversorgung durch die öffentlich-rechtlichen Rundfunkanstalten, München 1990, 6 ff.; STOCK, Medienfreiheit als Funktionsgrundrecht, München 1985, 325 ff.; BURMEISTER, Medienmarkt und Menschenwürde, EMR-Schriftenreihe, Band 2, München 1992, 38 ff.

die Begrenzungen des Kartellrechts zu setzen, da aufgrund der historischen Gegebenheiten ein vielfältiges privates Presseangebot entstanden sei, zu dessen Sicherung nach den bisherigen Erfahrungen das Kartellrecht genüge.

2. Die demokratische Aufgabe der Medien

Die Funktion der Presse und des Rundfunks, also deren öffentliche Aufgabe, hängt eng mit der Demokratie zusammen. Zu den nach Art. 79 Abs. 3 GG unabänderlichen Grundprinzipien des Grundgesetzes gehört die Entscheidung für die Demokratie (Art. 20 Abs. 2 Satz 1 GG). In diesem Zusammenhang muss man sich vor Augen halten, dass die Demokratie die Staatsform der Hochkulturen darstellt.[4] Daher setzt diese Staatsform den informierten, urteilsfähigen und entscheidungsfreudigen Bürger voraus. So baut das Wahlrecht auf Erkenntnis des Wählers auf, der jedenfalls idealtypisch die Entwicklung seines Staates und seiner Gesellschaft beobachtet und versteht, die personellen und programmatischen Handlungsalternativen der politischen Parteien kennt, abwägt und würdigt, der seine eigenen Interessen definiert und seine Zugehörigkeit zu einem demokratischen Rechtsstaat verantwortlich wahrnimmt.[5]

Dies setzt Informationen voraus, die den Menschen Beurteilungshilfen und Wertorientierungen an die Hand geben. Demnach stellen die Meinungs-, Presse- und Rundfunkfreiheit grundrechtliche Gewährleistungen dar, die – wie bereits ausgeführt – dem Demokratieprinzip „die-

---

4 So zu Recht P. KIRCHHOF, Der Öffentlichkeitsauftrag des öffentlichen Rundfunks als Befähigung zur Freiheit, in: ABELE/FÜNFGELD/RIVA (Hrsg.), Werte und Wert des öffentlich-rechtlichen Rundfunks in der digitalen Zukunft, FAR-Tagung 2000, Potsdam 2001, 9 ff.
5 Zutreffend KIRCHHOF, ebd., 9.

nen", also den dort vorausgesetzten ständigen Prozess des Bedenkens, Erwägens, Kritisierens und Erneuerns stützen und pflegen. Allerdings ist damit noch keineswegs gesagt, dass zu dieser Information im Bereich des Rundfunks öffentlich-rechtliche Anstalten notwendig sind. Grundrechtliche Freiheit meint Freiheit vom Staat. Diese verfassungsrechtliche Unterscheidung verweist Presse und Rundfunk grundsätzlich in den Bereich der freiheitsberechtigten Gesellschaft, die in Distanz zum Staat das Handeln der Staatsorgane und die gesellschaftliche Entwicklung kritisch begleiten, analysierend bewerten und in Sprache und Bild vermitteln.[6]

3. Die Anforderungen an die Presse und den privaten Rundfunk

Bei der Presse setzt das Bundesverfassungsgericht auf das freie Spiel der Kräfte und vertraut darauf, dass der Markt mit den Einschränkungen des Kartellrechts für ein vielfältiges und umfassendes Angebot sorgt. Dagegen betont das Bundesverfassungsgericht, dass im Bereich des Rundfunks gesetzliche Regelungen notwendig seien, die sicherstellen, dass die Vielfalt der bestehenden Meinungen im Rundfunk in größtmöglicher Breite und Vollständigkeit zum Ausdruck gelangt.[7] Dabei ist zunächst auf das Gesamtangebot der elektronischen Medien abzustellen, also das Angebot des öffentlich-rechtlichen Rundfunks in die Ermittlung des Vielfaltbefundes einzubeziehen. Aber auch der private Rundfunk unterliegt für sich allein einem entsprechenden Gebot in freilich abgesenkter Weise: Er hat immerhin einem „Grundstandard gleichgewichtiger Vielfalt" zu genügen.[8] Mit dieser Verpflichtung auf

---

6   So zu Recht KIRCHHOF, ebd., 10.

7   Vgl. BVerfGE 57, 295, 320 und 323.

8   BVerfGE 73, 118, 159; 83, 238, 297.

die Vielfalt ist ein gewisses Maß an Qualität auch für den privaten
Rundfunk vorgegeben. Dies kommt einmal in § 25 Abs. 1 RStV zum
Ausdruck, der die verfassungsrechtlichen Anforderungen an den privaten Rundfunk konkretisiert. Danach muss der private Rundfunk,
wenn man ihn insgesamt betrachtet, den bedeutsamen politischen,
weltanschaulichen und gesellschaftlichen Kräften und Gruppen ange-
messenen Raum geben. Unberührt davon bleibt allerdings die Möglichkeit, Spartenprogramme anzubieten. Aber auch die einzelnen privaten Programme haben bestimmte Mindestanforderungen zu beach-
ten. So bestimmt § 25 Abs. 2 RStV, dass auch ein einzelnes Programm die Bildung der öffentlichen Meinung nicht in hohem Maße
ungleichgewichtig beeinflussen darf. Dies gilt unabhängig davon, dass
den Bestimmungen zur Verhinderung vorherrschender Meinungsmacht, also insbesondere § 26 RStV, genüge getan wurde. Ein Min-
destmaß an Meinungsvielfalt muss demnach auch in jedem privaten
Programm enthalten sein. Auch hier müssen also verschiedene Teile
der Gesellschaft zu Wort kommen können. Meinungsvielfalt ist nach
meiner festen Überzeugung ein notwendiger Bestandteil eines qualitativ hochwertigen Rundfunkangebots.
Im privaten Rundfunk hat der Gesetzgeber zwei weitere Mittel vorge-
sehen, um eine gewisse Vielfalt und Qualität zu gewährleisten. Es
handelt sich dabei einmal um die regionalen Fensterprogramme, die in
§ 25 Abs. 4 RStV geregelt sind. Die Verpflichtung, solche regionalen
Fensterprogramme auszustrahlen, erfasst nunmehr die beiden reich-
weitenstärksten bundesweit verbreiteten Fernsehvollprogramme, also
zurzeit die Fernsehvollprogramme RTL und Sat 1. Insoweit werden
bestimmte Mindestbedingungen vorgegeben. Der zeitliche und regio-
nal differenzierte Umfang der Regionalfenster hat sich mindestens an
den Programmaktivitäten zum 1. Juli 2002 zu orientieren. Ausweislich
der Begründung zum Rundfunkstaatsvertrag soll damit eine möglichst

hohe Anzahl verschiedener Fensterprogramme mit unterschiedlichen regionalen Inhalten gewährleistet werden. Gerade an solchen regionalen Angeboten besteht ein großes Interesse. Sie dienen in besonderer Weise der Identifikation der Zuschauer mit ihrer Region und damit ihrer Integration in ihr Umfeld. Von daher gibt es gute Gründe dafür, dass der Gesetzgeber die regionale Differenzierung, wie sie zum Stichtag 1. Juli 2002 vorgelegen hat, auch für die Zukunft festgeschrieben hat, damit der Vielfalt der Regionen Rechnung getragen und damit auch zu einer erhöhten Programmqualität beigetragen wird. Um die Regionalfenster weiter zu stärken, haben die Länder durch § 25 Abs. 4 Satz 2-5 RStV deren Unabhängigkeit in redaktioneller, wirtschaftlicher und finanzieller Hinsicht weitgehend vorgegeben. Dies ist grundsätzlich zu begrüßen, da die Regionalfenster nur dann einen wirksamen Beitrag zu Identifikation, Vielfalt und Qualität leisten können, wenn ihre Unabhängigkeit gewährleistet ist.

Zum anderen verpflichtet § 26 Abs. 5 RStV bestimmte Unternehmen und Veranstalter dazu, Sendezeit für unabhängige Dritte einzuräumen. Diese Pflicht trifft einmal Veranstalter, die mit einem Vollprogramm oder einem Spartenprogramm mit dem Schwerpunkt Information im bundesweiten privaten Fernsehen im Durchschnitt eines Jahres zehn Prozent Zuschaueranteil erreichen. Zum anderen werden auch Unternehmen verpflichtet, wenn ihr Zuschaueranteil mit allen ihnen zuzurechnenden Programmen im Durchschnitt eines Jahres zwanzig Prozent erreicht, ohne dass eines ihrer Programme die Zehn Prozent-Grenze erfüllt.

Wie diese Sendezeit für unabhängige Dritte im Einzelnen ausgestaltet werden muss, regelt die Bestimmung des § 31 RStV. Danach muss die Dauer des Fensterprogramms wöchentlich mindestens 260 Minuten, davon mindestens 75 Minuten in der sogenannten Hauptsendezeit (von 19 bis 23.30 Uhr) betragen, wobei aber Regionalfensterpro-

gramme mit höchstens 80 Minuten pro Woche unter bestimmten Vo-
raussetzungen angerechnet werden dürfen. Dazu müssen die Regionalfenster insgesamt bundesweit 50 Prozent der Fernsehhaushalte erreichen.

4. Die Anforderungen an den öffentlich-rechtlichen Rundfunk

Dass im Bereich des Rundfunks aber im Hinblick auf den demokratischen Auftrag zusätzlich öffentlich-rechtliche Anstalten notwendig
sind, kann heute keineswegs mehr mit der technischen Begrenztheit
der Rundfunkangebote durch wenige Kanäle gerechtfertigt werden, da
die technischen Barrieren weitgehend entfallen sind. Vielmehr ist an
diese Stelle ein neuer Rechtfertigungsgrund getreten. Der private
Rundfunk weist durch seine Werbefinanzierung strukturelle Defizite
auf. Er muss nach massenattraktiven Sendeformen suchen und über-
nimmt deshalb nicht die Aufgabe, die Bürger umfassend, also über die
gesamte Breite und Vielfalt der gesellschaftlichen und kulturellen
Vorgänge zu informieren. Nur der umfassend informierte Bürger
bleibt aber demokratiefähig. Besonders gefährlich für die Demokratie
ist der fehlinformierte Bürger. Daher setzt die Verfassung des demokratischen Rechtsstaats eine grundsätzlich auf Vollständigkeit der Information und Vielfalt der Meinungen angelegte Struktur der Medien
voraus. Diese ist im Rundfunkwesen nur dann gewährleistet, wenn
neben dem werbeabhängigen privaten Rundfunk ein über Gebühren
finanzierter, auf eine umfassende Information verpflichteter öffentlich-rechtlicher Rundfunk tritt. Diese Funktion des öffentlich-
rechtlichen Rundfunks nimmt nicht etwa an Gewicht ab, sondern ge-
winnt zunehmend an Bedeutung, je mehr die Medien insgesamt – also

auch die Printmedien – in den Sog von Werbewirtschaft und Kapital-
gebern geraten.

Demnach hat der öffentlich-rechtliche Rundfunk die Aufgabe, umfassende und ausgewogene Informationen im Interesse einer funktionie-
renden Demokratie zu gewährleisten und damit im dualen Rundfunksystem die Aufgabe der unerlässlichen Grundversorgung zu erfüllen.
Mit dem Begriff der Grundversorgung werden Aufgaben und Befug-
nisse des öffentlich-rechtlichen Rundfunks beschrieben, die dieser zu
leisten hat, nämlich „gründliche" Information in einem umfassenden
Sinne und ein grundlegendes Angebot aller Typen von Rundfunksendungen, die technisch für alle erreichbar sein müssen.[9]

Das Bundesverfassungsgericht stellte in der Baden-Württemberg-
Entscheidung klar, dass es sich bei der Grundversorgung um eine
Vollversorgung für alle handele, die die gleichgewichtige Vielfalt in
der Darstellung der bestehenden Meinungsrichtungen wirksam sichern
solle. Hierbei müsse der inhaltliche Standard der Programme im Sinne
eines Angebots gegeben sein, das nach seinen Gegenständen und der
Art der Darbietung dem dargelegten Auftrag des Rundfunks nicht nur
zu einem Teil, sondern voll entspreche.[10] Im Hinblick auf die Zunah-

---

9   Vgl. dazu D. DÖRR, Unabhängig und gemeinnützig, Ein Modell von ges-
    tern?, in: ARD (Hrsg.), 50 Jahre ARD, Baden-Baden 2000, 12, 16 f.; ein-
    gehend dazu BETHGE, Der Grundversorgungsauftrag des öffentlich-
    rechtlichen Rundfunks in der dualen Rundfunkordnung, MP 1996, 66 ff.;
    DERS., Die verfassungsrechtliche Position des öffentlich-rechtlichen Rund-
    funks in der dualen Rundfunkordnung, Baden-Baden 1996, 44 ff.; FROMM,
    Öffentlich-rechtlicher Programmauftrag und Rundfunkföderalismus, Ba-
    den-Baden 1998, 51 ff.; zum Begriff der Grundversorgung vgl. auch
    NIEPALLA, Die Grundversorgung durch die öffentlich-rechtlichen Rund-
    funkanstalten, München 1990; LIBERTUS, Grundversorgungsauftrag und
    Funktionsgarantie, München 1991; grundlegend H. H. KLEIN, Die Rund-
    funkfreiheit, München 1978, 58 ff.
10 BVerfGE 74, 297, 325 f.

me privaten Rundfunks in Europa führt das Bundesverfassungsgericht
aus, dass es darauf ankomme, *zu gewährleisten, dass der klassische
Auftrag des Rundfunks erfüllt wird, der nicht nur seine Rolle für die
Meinungs- und politische Willensbildung, Unterhaltung und über laufende Berichterstattung hinausgehende Information, sondern auch
seine kulturelle Verantwortung umfasst.*[11]
Das Bundesverfassungsgericht übertrug dem öffentlich-rechtlichen
Rundfunk damit eine besondere Verantwortung und stärkte ihn durch
die Anweisung an den Gesetzgeber, die *technischen, organisatori-
schen, personellen und finanziellen Vorbedingungen ihrer Erfüllung
(dieser verantwortungsvollen Aufgabe, Anm. d. Verf.) sicherzustel-
len.*[12] Diese Rechtsprechung, die als Lebenselixier des öffentlich-
rechtlichen Rundfunks angesehen wird,[13] ist angesichts der Bedeutung
des Rundfunks für den Meinungsbildungsprozess konsequent. Das
Bundesverfassungsgericht verkannte auch nicht, dass eine Festlegung
des Begriffes der Grundversorgung auf einen bestimmten Status quo
den Interessen der Bevölkerung an Rundfunkversorgung in Zeiten der
schnellen Entwicklung des Rundfunkwesens nicht gerecht werden
würde. So stellte das Verfassungsgericht in seiner 6. Rundfunkent-
scheidung fest, dass der Begriff der Grundversorgung gegenständlich
und zeitlich offen, dynamisch und allein an die *Funktion* gebunden
sei, die der öffentlich-rechtliche Rundfunk im Rahmen des durch
Art. 5 Abs. 1 GG geschützten Kommunikationsprozesses zu erfüllen
habe.[14]

---

11   BVerfGE 74, 297, 324.
12   BVerfGE 74, 297, 325.
13   BETHGE, Stand und Entwicklung des öffentlich-rechtlichen Rundfunks,
     ZUM 1991, 337, 338.
14   BVerfGE 83, 238, 299.

Die Grundversorgung ist also nicht fixierbar, sondern akzessorisch zur Funktionserfüllung der öffentlich-rechtlichen Rundfunkaufgaben. Was aber die Funktionserfüllung darüber hinaus erfordert, lässt sich nicht ein für allemal bestimmen, sondern hängt von den Umständen ab. Diese sind im Wesentlichen durch die technische Entwicklung und das Verhalten der privaten Anbieter geprägt, denen gegenüber der öffentlich-rechtliche Rundfunk im dualen Rundfunksystem publizistisch konkurrenzfähig bleiben muss. [15] Das bedeutet, dass öffentlich-rechtlicher Rundfunk auch in den Bereichen privater Rundfunkveranstaltung präsent sein muss, in denen er nicht mittels seiner Grundversorgungsprogramme konkurrieren kann, die aber dennoch ein publizistisches Gegengewicht erfordern.[16]

Hieran wird deutlich, dass der öffentlich-rechtliche Rundfunk im dualen Rundfunksystem nicht nur die Verantwortung dafür hat, den ursprünglichen Rundfunkauftrag zu gewährleisten, der in der Darstellung aller Meinungsrichtungen in vollständiger Breite und Vielfalt besteht. Vielmehr hat der öffentlich-rechtliche Rundfunk darüber hinaus die Pflicht, auf die Tätigkeiten der privaten Konkurrenten flexibel zu reagieren und somit als Gegengewicht die Bildung vorherrschender Meinungsmacht zu verhindern. Die mit dieser Pflicht verbundene Schwierigkeit liegt darin, dass der öffentlich-rechtliche Rundfunk bei seiner Aufgabe nicht sein Spezifikum aus den Augen verlieren darf,[17] nämlich die Erfüllung des klassischen Rundfunkauftrages, in der der

---

15   BVerfGE 87, 181, 203.

16   So etwa im Spartenbereich, BVerfGE 74, 297, 344 ff.

17   Auf diese Gefahr der Angleichung an die privaten Rundfunkveranstalter weisen insbesondere OPPERMANN, Zukunftsperspektiven der Finanzierung des öffentlichen Rundfunks, in: STERN u. a. (Hrsg.), Die Finanzierung des Rundfunks nach dem Gebührenurteil des Bundesverfassungsgerichts, München 1996, 55 ff. und Stock, Meinungsvielfalt und Meinungsmacht, JZ 1997, 587 hin.

öffentlich-rechtliche Rundfunk nicht nur seine Rolle für die politische
Meinungs- und Willensbildung, für die Unterhaltung und für über die
laufende Berichterstattung hinausgehende Informationen, sondern
auch seine kulturelle Verantwortung wahrnimmt.[18]

III.   Der kulturelle Auftrag der Presse und des Rundfunks

Das Bundesverfassungsgericht hat sich nicht damit begnügt, der Presse und dem Rundfunk einen demokratischen Auftrag und damit eine
öffentliche Aufgabe zuzugestehen. Vielmehr überträgt es ihnen auch
eine kulturelle Aufgabe. Diese steht keineswegs beziehungslos neben
dem Informationsauftrag, da der moderne, zu Freiheit und Demokratie
fähige Mensch nicht nur informiert und wissend sein, sondern auch
die Gemeinschaftsanliegen mitgestalten und mitverantworten muss.
Dazu ist die Entfaltung und ständige Erneuerung des gemeinsamen
Wertmaßstabes notwendig. Der Bürger kann die Demokratie und eine
freiheitliche Gesellschaft nur mitprägen, wenn er ihre Grundwerte er-
lebt und versteht, weil diese Grundwerte die von den Prinzipien der
Menschenwürde und der daraus folgenden Freiheit und Gleichheit ge-
prägte Rechtsgemeinschaft zusammenhalten. Die Vermittlung und das
Verständnis dieser kulturellen Grundwerte werden in jeder Gesellschaft umso unverzichtbarer, je offener sie für andere ist. Eine demokratische und freiheitliche Rechtsgemeinschaft muss sich der unver-
zichtbaren Werte ihrer eigenen Rechtskultur sicher sein. Nur auf dieser Grundlage kann und darf sie sich anderen Kulturen öffnen. Der
freiheitliche und demokratische Verfassungsstaat ist also kein neutra-
ler Zuschauer, wenn verschiedene Werte und Kulturen in einen Wettbewerb miteinander treten. Vielmehr ist das Grundgesetz eine wehr-

---

18   So BVerfGE 74, 297, 324.

hafte Verfassung, die bestimmte Grundwerte für unabänderlich erklärt und für diese Kernprinzipien streitet. So bauen unsere Verfassung und unsere Kultur auf dem Prinzip der Menschenwürde, auf der Gleichberechtigung von Mann und Frau, dem Gedanken der Toleranz, der Religionsfreiheit und dem Grundsatz des privatnützigen Eigentums auf. Solche Prinzipien stehen nicht zur Disposition.[19]

Presse- und Rundfunkfreiheit leisten einen wichtigen Beitrag dazu, dass die Medien ihre Aufgabe zur Bereicherung der deutschen Kulturlandschaft leisten können. Nur dem staatlichen Zugriff entzogene freie Presseunternehmen, Rundfunkanbieter und Rundfunkanstalten können die Basis für eine lebendige demokratische Kultur bilden. Hier zeigt sich die dienende Funktion der Presse- und Rundfunkfreiheit, die das Bundesverfassungsgericht aus Art. 5 Abs. 1 Satz 2 GG ableitet: Die Presse- und Rundfunkfreiheit werden nicht um ihrer selbst willen vom Grundgesetz gewährleistet. Sie sind vielmehr im Hinblick auf die Demokratie ausgestaltet und dienen damit der Pflege der demokratischen Kultur. Diese demokratische Kultur lebt von einer freien pluralistischen Berichterstattung, dem offenen Austausch von Meinungen und einem Klima, in dem auch fremde Standpunkte Akzeptanz finden. Diesen offenen Prozess des Austausches und der Bildung von Meinungen unterstützen Presse und Rundfunk als Massenmedien nachdrücklich. Sie geben dabei zum einen Meinungen weiter und wirken zum anderen durch die Auswahl und Gestaltung der Artikel und Sendungen auch selbst auf die öffentliche Meinung ein. Das Bundesverfassungsgericht bezeichnet den Rundfunk daher treffend als Medium

---

19 Vgl. zum Vorstehenden die überzeugenden Ausführungen bei P. KIRCHHOF, Der Öffentlichkeitsauftrag des öffentlichen Rundfunks als Befähigung zur Freiheit, in: ABELE/FÜNFGELD/RIVA (Hrsg.), Werte und Wert des öffentlich-rechtlichen Rundfunks in der digitalen Zukunft, FAR-Tagung 2000, Potsdam 2001, 9, 14 f.

und gleichzeitig auch als Faktor des öffentlichen Meinungsbildungs-
prozesses. Dies gilt für die Presse in gleicher Weise.

Aufgabe der Presse und des Rundfunks als Faktor der öffentlichen
Meinung ist es, den Bürgern die kulturellen Werte, auf denen das
Grundgesetz beruht, ständig zu vermitteln. Die Fähigkeit, Freiheit ei-
genverantwortlich zu gestalten, ist nicht selbstverständlich. Sie bedarf
vielmehr der kulturellen Unterstützung, um zur Entfaltung gelangen
zu können. Dazu müssen die Grundwerte, die einem freiheitlichen
Staat zugrunde liegen, vermittelt werden. Hier kommt gerade dem öffentlich-rechtlichen Rundfunk eine entscheidende Rolle zu. Die im
Grundgesetz verankerten Kerngedanken des Rechts müssen im Be-
wusstsein der Menschen verankert bleiben. Insbesondere die öffentlich-rechtlichen Medien sind gehalten, dieses immer wieder bewusst
zu machen und die entsprechenden Werte mit ihrem kulturgeschichtli-
chen Hintergrund zu vermitteln.[20]

Der Kulturauftrag beschränkt sich allerdings nicht allein darauf, eine
gesellschaftliche Basis zur Förderung demokratischer Mitwirkung zu
schaffen. In diesem Fall ständen etwa unterhaltende Presseberichte
und Unterhaltungssendungen ohne informativen Charakter außerhalb
des Kulturauftrages. Der Begriff der Kultur ist aber weit zu verstehen:
Er umfasst Information ebenso wie Unterhaltung. Er ist auch nicht auf
die so genannte Hochkultur beschränkt. Vielmehr versteht man den
Kulturauftrag so, dass der Sport ebenso seinen Platz darin hat wie Unterhaltung. Der Begriff der Kultur im weiten Sinn läuft allerdings stets
Gefahr, seine Konturen zu verlieren; wenn alles unter den Begriff der
Kultur subsumiert wird, ist gleichzeitig auch nichts mehr spezifisch
Kultur. Der öffentlichen Aufgabe von Rundfunk und Presse liegt zwar
ein weiter Kulturbegriff zugrunde. Dieser muss aber immer wieder auf
seine Funktion hin überprüft werden. Das bedeutet, dass insbesondere

---

20   Eingehend dazu P. KIRCHHOF ebd. 15 f.

der gebührenfinanzierte öffentlich-rechtliche Rundfunk seiner dienenden Funktion im Hinblick auf die freiheitliche Demokratie nachkommen muss. Der Kulturauftrag des Rundfunks besteht dabei trotz Berührungspunkten unabhängig von der Funktion des Rundfunks für die demokratische Willensbildung. Während die demokratische Funktion des Rundfunks ihre normative Grundlage in Art. 20 Abs. 2 GG hat, spiegelt sich der Kulturauftrag des Grundgesetzes insbesondere im Grundrechtsteil wider.

Im Bereich der Beziehungen Deutschlands zu anderen Staaten wird der Kulturauftrag des Grundgesetzes maßgeblich von der Auslandsrundfunkanstalt Deutsche Welle mit gestaltet.[21] Als Teilhaberin am verfassungsrechtlichen Kulturauftrag hat die Deutsche Welle die besondere Aufgabe, diesen Kulturauftrag durch den Kontakt mit dem Ausland zu erfüllen. Dabei soll nicht nur der kulturelle Austausch gefördert, sondern auch gleichzeitig die Basis für eine internationale Zusammenarbeit gelegt werden. Die Deutsche Welle besitzt zwar auch eine demokratische Funktion. Der Schwerpunkt liegt bei der Auslandsrundfunkanstalt aber bei ihrem Kulturauftrag.

Die kulturelle Aufgabe von Rundfunk und Presse ändert aber nichts an dem Befund, dass sich die Qualität nicht von außen verordnen lässt. Grund dafür ist die aus der Presse- und Rundfunkfreiheit folgende unabdingbare redaktionelle Freiheit bzw. Programmautonomie. Eine Folge davon ist, dass sich die Struktur der Presse, des privaten Rundfunks und des öffentlich-rechtlichen Rundfunks staatsfern ausgestaltet sein muss. Dieses wesentliche Gebot der Staatsferne ergibt sich auch aus der kulturellen Dimension der Presse und des Rundfunks. Kultur lebt von freien individuellen und gesellschaftlichen Prozessen ohne staatliche Steuerung. Eine staatlich verordnete „Kultur", wie es sie etwa in

---

21 Vgl. dazu ausführlich DÖRR/S. SCHIEDERMAIR, Die Deutsche Welle, Frankfurt a.M. 2003, 24 ff.

kommunistischen Staaten gab und noch gibt, verliert stets das der Kultur eigene Charakteristikum der freien Entfaltung. Eine solche Kultur gibt ihren dynamischen Gehalt preis, erstarrt und wird von der Bevölkerung nicht mehr akzeptiert, da sie zwar staatlichen Vorgaben entspricht, aber nicht mehr gesellschaftliche Entwicklungen widerspiegelt. Der grundlegende Charakter der Kultur verlangt nach einer staatsfernen freien Organisation der Kulturträger. Konzept und Inhalt der Presseartikel und der Rundfunksendungen unterliegen daher – abgesehen von den für alle geltenden straf- und zivilgesetzlichen Bestimmungen – keiner staatlichen Einflussnahme, sondern gehören zur redaktionellen Freiheit der Presseunternehmen bzw. zur Programmfreiheit der Rundfunkveranstalter.

IV. Ausblick

Die Presse- und die Rundfunkfreiheit tragen also entscheidend dazu bei, dass demokratische Willensbildung möglich ist und bleibt. In diesem Zusammenhang haben sie auch die Aufgabe, die kulturellen Werte, auf denen das Grundgesetz und damit der demokratische Rechtstaat beruhen, ständig zu vermitteln. Zu diesen Werten gehören die Menschenwürde, die Menschenrechte, die Prinzipien von Freiheit und Gerechtigkeit, Rechtsstaat und Demokratie. In erster Linie sind neben den privaten Anbietern die öffentlich-rechtlichen Rundfunkanstalten gefordert.

Wenn die Kritik zutreffen sollte, dass auch im öffentlich-rechtlichen Bereich die Qualität der Programme signifikant sinkt – dafür lassen sich durchaus Belege auch bei vielen dem öffentlich-rechtlichen Rundfunk grundsätzlich wohl gesonnenen Medienrechtlern, Publizisten und Journalisten finden –, ist der richtige Weg vom Bundesverfassungsgericht gewiesen worden. Der öffentlich-rechtliche Rundfunk muss den privaten Rundfunkveranstaltern besonders in der Zeit der Digitalisierung, der wachsenden technischen Möglichkeiten und der Konvergenz ein Kontrastprogramm bieten, mit welchem der klassische Rundfunkauftrag erfüllt wird. Der Unterschied der beiden Säulen im dualen Rundfunksystem muss deutlich erkennbar sein und bleiben. Dass dies durchaus nicht zu Lasten der Zuschauerakzeptanz gehen muss, belegen zahlreiche Beispiele. Wenn der öffentlich-rechtliche Rundfunk sein Programm tatsächlich demjenigen der privaten Veranstalter zunehmend angleichen würde, also kein umfassend und ausgewogen informierendes Programm mehr anbietet, das auch und gerade den kulturellen Auftrag erfüllt und daher qualitativ hochwertig ist, liefe er Gefahr, seinen Programmauftrag zu verfehlen und somit auch seine Legitimation zu verlieren. Das duale System mit einem gebührenfinanzierten öffentlich-rechtlichen Rundfunk ließe sich dann nicht weiter rechtfertigen. Somit erweist sich Qualität im oben beschriebenen Sinne als Lebenselixier für den öffentlich-rechtlichen Rundfunk. Gleichzeitig kommen auf den öffentlich-rechtlichen Rundfunk neue Herausforderungen zu. Werden die traditionellen Vollprogramme von immer weniger Zuschauern gesehen und bilden sich je nach Lebensstil immer stärker verschiedene Nutzergruppen und technische Nutzungsmöglichkeiten der Medien aus, so wird der Integrationsauftrag des Rundfunks keineswegs obsolet. Im Gegenteil: Öffentlich-rechtliche Sender müssen neue Wege finden, um ein breites Publikum zu erreichen. Sie dürfen auch technische Entwicklungen nicht an bestimmten sozialen Gruppen vorbei gehen lassen. Finanziell schwächere Gruppen oder ältere Generationen dürfen nicht abgehängt werden, sei es durch teure Empfangstechnik oder durch mangelnde Kenntnisse im Umgang mit elektronischen Angeboten. Auch so genannte Information-Have-Nots müssen als Rezipienten einbezogen werden, wenn der öffentlich-rechtliche Rundfunk seine soziale Integrationsaufgabe wahrnehmen und weiterhin „Rundfunk für alle" sein will, wie es seinem Funktionsauftrag entspricht.

Was die Presse für die Öffentlichkeit heute noch leistet

Univ.-Prof. Dr. Volker Lilienthal
Universität Hamburg

Der geschätzte Kollege VOLKER WOLFF hat mir einen Vortragstitel
vorgegeben –„Was die Presse für die Öffentlichkeit heute noch leistet" -, der mir sozusagen *good news* abfordert, aber doch auch hinreichend offen ist, damit ihn der Vortragende frei interpretieren darf.
Was die Presse heute *noch* leistet – das Beiwort „noch" lädt in meinem Verständnis auch zur Kritik ein, lässt anklingen, früher sei alles
besser gewesen, wobei Sie von mir hier und heute keinen historischen
Vergleich erwarten dürfen.
Aber ein paar Streiflichter auf das, was Presse für die Information ihres Publikums leistet, und das dankenswerter Weise, was sie beiträgt
zur öffentlichen Meinungsbildung in der Demokratie, und auf das,
was sie besser machen und zusätzlich leisten könnte. Das wären dann
die normativen Erwartungen. Klargestellt sei: Presse ist mein Thema,
d.h. ich spreche über die guten alten Holzmedien und über Online-
Journalismus oder Blogs nur am Rande. Die elektronischen Medien
sind nicht mein Thema. Ich setze vier Schwerpunkte:

* Leistungsbilanz der Pressevielfalt
* Zustand des Politischen Journalismus
* Zustand des Lokaljournalismus, den ich im Übrigen in großen
  Teilen dem Politischen Journalismus hinzuzähle.
* Schließlich komme ich zu zwei normativen Setzungen. Die
  Stichwörter dafür lauten: Integration und Interpretation.

TIERSCHUTZ DER TAG DES BRAUNEN RIESENS

An der Müritz sind die Bären los

ZUHAUSE Der Park Stuer bietet Meister Petz Freiheit auf rund 35 000 Quadratmetern. Ein Schutz-Gesetz für Wildtiere liegt noch immer im „Winterschlaf".

VON UWE REISENWEBER

Lieblingsbeschäftigung baden: Felix und Ben genießen den Wasserspaß im Bärenwald Müritz.

Trotz des jahrelangen Geredes über die Pressekrise, trotz der momentanen Streiks in der Zeitungsbranche mit der Folge von Notausgaben oder Nichterscheinen sind unsere Zeitungen (und Zeitschriften) noch immer tagtäglich verfügbar, sie erscheinen mit großer Verlässlichkeit und bieten ihren Lesern im Großen und Ganzen alltäglich zusammenfassende Informationen über das aktuelle Geschehen in Politik, Wirtschaft, Sport und Kultur, sie bringen Themen und auch Konflikte zur Sprache, sie tragen mit Kommentierungen bei zur Meinungsbildung ihrer Leser, und manche von ihnen machen sich auch die Mühe, durch investigative Recherche bislang unentdeckte Skandale auszugraben und damit das Zeitgespräch der Gesellschaft zu bereichern mit wirklich Neuem.

Wer wie ich der Jury eines Journalistenpreises angehört und also Jahr
für Jahr Hunderte Beiträge im Vergleich liest, weiß nur zu gut, wie
viel Gutes deutsche Journalisten hervorbringen, wie stark Kompetenz
und Engagement oft sind. Wo Redaktionen ihre Kräfte bündeln und
ihr Recht zum öffentlichen Wächteramt ernstnehmen, kommt manchmal sogar Erstaunliches zustande. Da wir heute in Bonn sind, möchte
ich beispielhaft die umfangreiche Recherche des „General-Anzeigers"
über die Machenschaften rund um das World Conference Center Bonn
erwähnen, eine Enthüllungsserie, die es auf inzwischen 63 Folgen gebracht hat, gesammelt erschienen unter dem Titel „Die Millionenfal-
le".[22]

---

22 http://www.general-anzeiger-bonn.de/index.php?k=loka&itemid=10918

Das alles gibt es, und es gibt also keinen Grund zu der pauschalen Kritik, die deutsche Presse sei leistungsschwach. Aber die Frage ist vielleicht erlaubt, ob die kritischen Interventionen der Presse in Fehlentwicklungen und Erstarrungen unseres gesellschaftlichen Systems hinreichend kontinuierlich sind, damit sich der Journalismus als Movens in die Demokratie und fortlaufende Modernisierung unserer Lebensverhältnisse einbringen kann.

Doch bleiben wir fürs erste bei der positiven Bestandsaufnahme. An die Pressevielfalt darf man noch mal erinnern, die ja nicht nur eine Vielzahl von „Kopfblättern", sondern eine infrastrukturelle Voraussetzung von demokratischer Vielstimmigkeit darstellt.

Zeitungen 2009 auf einen Blick[1]

Zeitungen	Anzahl	Auflage
Lokale und regionale Abonnementzeitungen	333	14,06 Mio.
Überregionale Zeitungen	10	1,63 Mio.
Straßenverkaufszeitungen	8	4,26 Mio.
Tageszeitungen gesamt	351	19,95 Mio.
Wochenzeitungen[2]	27	1,93 Mio.
Sonntagszeitungen[3]	6	3,43 Mio.
Gesamtauflage der Zeitungen		25,31 Mio.
Zeitungsausgaben insgesamt	1.511	
Publizistische Einheiten	134	

Auf je 1.000 Einwohner über 14 Jahre kommen in Deutschland 282 Tageszeitungsexemplare.

1) Stand 1. August 2009. Die Auflagenangaben beziehen sich auf die Meldungen an die IVW/II 2009.
2) Wochenzeitungen, die der IVW angeschlossen sind.
3) Alle durch die IVW separat ausgewiesenen Sonntagszeitungen.

Quelle: BDZV/Schütz

351 Tageszeitungen mit einer täglichen Gesamtauflage von fast 20
Millionen Exemplaren – das ist die Leistungsbilanz, die der BDZV
gern vorzeigt. Aber, wir wissen: Es gibt auch Verluste, es gibt Presse-
konzentration, Schließung von Lokalredaktionen, z.B. im Riesenreich
der WAZ, es gibt in ihrer Existenz bedrohte Traditionsblätter wie die
„Frankfurter Rundschau".
Diese Krisensymptome haben mit vielem zu tun; ich habe nicht die
Zeit, das auszubreiten. Unbestreitbar ist, dass die Deutschen seit vie-
len Jahren immer weniger Zeitungen abonnieren oder sonst kaufen.
Viele von Ihnen werden diese Kurve des Niedergangs kennen.

Entwicklung Tageszeitungen

Rund sieben Millionen Exemplare weniger in zehn Jahren – das hat
wie gesagt viele Ursachen, die Konkurrenz des Internets ist nur eine
davon. Eine weitere könnte auch in Leistungsschwächen zu suchen
sein, die Leser möglicherweise bemerkt haben, weswegen sie sich als
Abonnenten abwendeten. Das ist eine Vermutung, empirisch nicht ab-
gesichert. Aber verschiedene Umfragen, die einen Ansehensverlust
von Journalisten in der Bevölkerung dokumentieren, sind doch ein Indiz. Zusammengefasst kann man sagen: Den Journalisten wird nicht
zugetraut, dass sie einlösen, was ihr Beruf doch verspricht: neutral zu

informieren, intensiv zu recherchieren, kritisch zu kommentieren ohne
Rücksicht auf Freunde und Verwandte.

Das Misstrauen bezieht sich z.B. auf den Politischen Journalismus.
Der kränkelt schon seit einigen Jahren. Es scheint, als teile er das
Schicksal der politischen Klasse, über die er berichtet. Sein Publikum
misstraut ihm oder hat sich schon abgewendet. Auf Politikverdrossen-
heit folgte Journalistenverdrossenheit. Diese Leidensgenossenschaft
von Politikern und ihren (kritischen?) Beobachtern lässt vermuten, der
Politische Journalismus sei längst Teil der politischen Klasse geworden und habe somit seinen notwendig unabhängigen Beobachter-
standpunkt verloren. Eine mögliche Erklärung, aber bestimmt nicht
das ganze Bild.

Doch es stimmt schon: Politische Journalisten suchen und brauchen die Nähe zur Macht, sonst könnten sie nicht intim und distanziert zugleich – ein Paradoxon! – über Politik berichten. Der Berliner Büroleiter und stellvertretende Chefredakteur des „stern", HANS-ULRICH JÖRGES, hat sehr anschaulich beschrieben, wie das ist: „embedded" zu sein in den Berliner Politikbetrieb (www.bpb.de/files/H4EPZS.pdf). Der Schweizer Journalist und Emeritus der Journalistik, ROGER BLUM, drückt es so aus:

> „Politische Journalisten müssen die paradoxe Kunst beherrschen, bissige Schoßhunde zu sein, nämlich die politische Macht gleichzeitig zu kritisieren und zu hofieren. Die Frage ist, auf welche Seite das Pendel ausschlägt."

Zu den Befunden der Krise gehört die Tatsache, dass seit Mitte der 2000er Jahre immer wieder Kritik am Politischen Journalismus laut geworden ist. Die Kritiker kommen aus der Medienkritik und der Kommunikationswissenschaft, sie kommen auch aus der Politik, wie man am beredten Beispiel von Bundestagspräsident NORBERT LAMMERT sieht, und sie kommen, schlimmer noch, aus den eigenen Reihen.

TOM SCHIMMECK, auch er ein politischer Journalist, Mitbegründer der „taz", beschreibt in seinem Buch „Am besten nichts Neues" (2010) die Medien als erodierende Kontrollinstanz, die im Zeichen des Neoliberalismus längst zu Handlangern derer geworden seien, die sie eigentlich kontrollieren sollten. Der „Spiegel", das einst so selbstbewusste „Sturmgeschütz der Demokratie" von RUDOLF AUGSTEIN, sei zur „Spritzpistole ANGELA MERKELS" umgerüstet worden.

Wenn SCHIMMECK weniger personalisiert, wird seine Kritik treffend:

> „Die Entpolitisierung der Betrachtung entwertet den politischen Journalismus. Es fehlt eine Sprache, die zu mehr taugt als zur mittelprächtigen Theaterkritik. Eine Sprache, die einen größeren Kontext herzustellen vermag, die eingebettet ist in eine Vorstellung einer anzustrebenden Gesellschaft."

„Mittelprächtige Theaterkritik" - damit könnte ein „ZEIT"-Leitartikel wie dieser gemeint sein:

> „Die CDU weiß nicht mehr recht, wofür sie Politik betreibt, und die Kanzlerin ist ihr dabei keine Hilfe. Im Gegenteil. (...) Sie verwirrt, statt Orien-

tierung zu geben. Und sie nährt den Verdacht, im Bedarfsfall opportunistisch zu entscheiden. Das immunisiert die Öffentlichkeit inzwischen sogar gegen echte Erfolgsmeldungen."

Oder ein „Spiegel"-Essay von DIRK KURBJUWEIT, „ACKERMANNS Herrschaft", in dem das verlorene Primat des Politischen beklagt wird: „Die Regierenden sind nun die Regierten der Banken." Bei der Ursachenforschung werden in hohem moralischen Ton „Gier und Lotterleben" ausgemacht, und am Ende appelliert der Leiter des Hauptstadtbüros des „Spiegels" gar an christliche Tugenden:

„Wenn jetzt ein Kapitalschnitt notwendig ist, verlangt es der Anstand, dass die Banken klaglos auf einen Teil ihrer Forderungen verzichten. Ihre Rolle ist die von Beteiligten, nicht von Oberaufsehern und Strafrichtern. Demut ist gefordert."

Alles nicht falsch, aber es bleibt doch die Frage, ob der Ton verfängt, ob diese Art Gardinenpredigt kritische Evidenz bei den Adressaten entfalten wird. Adressaten sind aber eben nicht nur die Objekte journalistischer Kritik – Adressaten sind vor allem die eigenen Leser. Hier lässt sich eine verstärkte Publikumsorientierung zu neueren Leistungen zählen. Für eine Studie, entstanden an der FU Berlin unter Leitung der Journalistik-Professorin MARGRETH LÜNENBORG, haben rund 1000 Korrespondenten und Redakteure in einem Online-Fragebogen Auskunft über ihr Selbstbild und ihre Berufspraxis im Wandel gegeben. „Mindestens eine positive Entwicklung" glaubt LÜNENBORG ausgemacht zu haben: „Die Orientierung am Publikum ist deutlich stärker ausgeprägt." Demnach sei es Politikjournalisten heute wichtiger als früher, „komplexe Sachverhalte zu erklären und zu vermitteln", sie kommunizieren intensiver und häufiger mit ihren Lesern und Zuschauern. „Sie schreiben und senden weniger für Kollegen und Experten, als sie das früher getan haben", sagt LÜNENBORG und führt dies auch auf die neuen digitalen Publikationswege für das Publikum selbst zurück. In der Tat: Wo sich Leser in Onlineforen oder gar in eigenen Blogs einmischen und die Kommentierungen der journalistischen Profis vor aller Augen in Zweifel ziehen können, steigt der Rechtfertigungsdruck für die Journalisten. Wer sich dem Dialog verweigert, wirkt gestrig und verliert an Ansehen.

Es gibt inzwischen einige angesehene Blogs in Deutschland, die sich ausschließlich mit Politik befassen und die wenn auch keine Massenreichweite, so doch eine treue Fangemeinde haben. Natürlich wird durch jeden dieser Blogs die bisherige Definitionsmacht von Journalisten (und Politikern), was Politik sei und was politisches Urteilsvermögen, in Frage gestellt. Das bisherige Oligopol der Meinungsbildung wird erweitert. Dieser Prozess relativiert die bisherige Hegemonie der Medien in der politischen Information und Kommentierung. Aber es macht sie nicht überflüssig. Denn die Leistungen eines reflektierten und kritischen Journalismus können Laien nicht übernehmen.

Und sie wollen es auch gar nicht, jedenfalls nicht in der Breite: Der jüngsten ARD/ZDF-Online-Studie zufolge wollen nur sieben Prozent der Befragten aktiv etwas zu den Inhalten des Web beitragen – bei der Vorjahresbefragung waren es noch 13 Prozent gewesen. Die Halbierung binnen Jahresfrist beweist: Die digitale Technik ermöglicht zwar einen Zuwachs an demokratischer Partizipation, aber eben nur rein theoretisch. Zudem: Wollen wir uns lieber von einer Handvoll Bloggern als von einer Vielzahl professioneller Medien informieren lassen? Zum neuen Pluralismus in dieser Gesellschaft gehören aber zweifelsohne beide Gruppen von politischen Kommunikatoren.

Die Rede von der Krise des Politischen Journalismus leidet an einer Überschätzung sowohl von mutmaßlichen negativen Medienwirkungen als auch der digitalen Alternative, der Blogosphäre. Die Diskussion konzentrierte sich bislang auf den Hauptstadtjournalismus – und wurde damit viel zu eng geführt. Journalismus, der das ehrenvolle Beiwort „politisch" verdient, braucht es gerade im Lokalen, in den kleineren Städten und Kreisen, wo Journalismus noch immer vor der Aufgabe steht, sich von den lokalen Eliten zu emanzipieren und das Interesse der Bürger an politischer Mitwirkung wachzuhalten. Und der Journalismus muss antizipativ in dem Sinne sein, dass er neue Politiken schon während ihrer Entstehung in der Zivilgesellschaft entdeckt und thematisiert.

Es ist oft gesagt worden: Demokratie wird erlebbar nicht in Berlin (oder früher hier in Bonn), Demokratie beginnt in der Kommune als Keimzelle, in Stadt und Land. So war es früher und hat u.a. zu hoher Beteiligung an Wahlen geführt. Das funktioniert nicht mehr so wie früher. Wir haben folgende Probleme an der Basis unseres demokratischen Systems zu konstatieren: Wahlbeteiligungen auf amerikanischem, also niedrigem Niveau und in den Kommunen das chronische Problem, überhaupt noch Bürger zu finden, die bereit sind, sich für die öffentlichen Belange zu engagieren. Ehrenämter in Gemeinderäten sind wichtig. Da wird entschieden auch über ganz Praktisches: woher die Gemeinde ihren Strom bezieht oder wer ihren Müll entsorgen soll. Doch da gibt es vielerorts ernste Nachwuchssorgen.

Einbrecher „durstig" nach fremdem Sprit

KRAFTSTOFF Angesichts steigender Preise steigen Benzin und Diesel in der Gunst der Langfinger. Jetzt sind auch schon Bootsschuppen betroffen.

VON THOMAS BEIGANG

RÖBEL/WAREN. Dreiste Langfinger sind in der Nacht von Dienstag zu Mittwoch in die Bootsschuppenanlage in Röbel an der Wünnow eingedrungen, haben 35 Türen eingebrochen und ihren „Durst" nach Kraftstoff gestillt. Wie der Röbeler Kriminalhauptkommissar Thomas Teichmann gestern auf Nordkurier-Nachfrage sagte, mussten die Ermittler in diesem Jahr schon einige Male wegen der Sprit-Diebe in Aktion treten.

„Früher kannten wir das nicht in diesem Ausmaß", so der Kriminalist. Erst seit einigen Monaten halten Straftaten wie diese die Kriminalisten in Atem. „Angriffe auf Bootsschuppen, um Kraftstoff zu entwenden, mussten wir unter anderem schon in Gotthun, Sietow und Suckow registrieren", zählte Teichmann auf. Die Polizei hofft, wie häufig in solchen Fällen, auf die Unterstützung aus der Bevölkerung. Jeder möge sich melden, der in besagter Nacht an der Wünnow verdächtige Fahrzeuge bemerkt hat – egal ob an Land oder auf dem Wasser, so die Bitte der Ermittler.

Wie genau die Langfinger den Sprit abtransportiert haben, weiß die Kripo noch nicht genau. Immerhin handelt es sich um beträchtliche Mengen. „Meist wurden die gefüllten Tanks von den Booten genommen", so Teichmann. Neun leere Tanks haben die Kriminalisten nach Entdeckung der Tat schwimmend in einem nahen Schilfgürtel gefunden. Etwa 20 Tanks, so der Röbeler Hauptkommissar, würden nach dem Einbruch in die Boots-

Gefüllte Tanks von Booten genommen.

schuppen noch vermisst. Was ins Gewicht fällt: Der angerichtete Schaden an den Schuppen. „Die meisten Bootsbesitzer haben die Türen zu den Bootsschuppen schon gut gesichert", sagte der Ermittler. Aber mit brachialer Gewalt und gutem „Werkzeug" hätten sich die Einbrecher dennoch Eintritt verschafft.

Auch der Leiter der Kriminalkommissariats-Außenstelle in Waren, Friedhelm Nofz, muss den Anstieg von Kraftstoff-Diebstahl registrieren. Besonders das Verschwinden von Diesel aus Lkw und Baumaschinen mache den Ermittlern zu schaffen, so Nofz.

Der teuer gewordene Kraftstoff gerät zunehmend in das Visier von Langfingern. FOTO: THOMAS BEIGANG

Das bringt uns zu der Frage: Vermittelt eigentlich der Lokaljournalismus hinreichend, dass Politik wichtig ist, dass es sich lohnt, sich in ihr und für das Gemeinwesen zu engagieren? Nimmt der Journalismus seine Thematisierungsfunktion auch für kontroverse Sachverhalte ernst – für Sachverhalte, die die lokalen Eliten eben nicht auf die Tagesordnung setzen wollen? (Weil es ihr eigenes Funktionsversagen zeigen würde.) Hier müsste der Lokaljournalismus tiefer bohren und recherchierend das ans Tageslicht heben, was im Terminkalender offizieller Pressekonferenzen nicht auftaucht.

Ich glaube, wenn die Tageszeitungen noch zehn gute Jahre haben wollen, müssen sie jetzt sexy werden – sexy werden, indem sie auch mal Krawall schlagen, wenn Korruption in die Stadt einzieht, sexy, weil sie sich als ehrlicher Fürsprecher von Bürgerinteressen wieder glaubhaft machen. Der Kommunikationswissenschaftler KLAUS SCHÖNBACH hat dafür die schöne, leicht paradoxe Formel der „zuverlässigen Überraschungen" gefunden.

Alle Hände voll zu tun: Felix Voigt (links) vom Veranstaltungszentrum Neubrandenburg und Hausmeister Steffen Muhs, der auch während des Kongresses für Sicherheit und Ordnung sorgt.   FOTO: UDO ZANDER

Norddeutsche Augenärzte schnuppern Zirkusluft

NEUBRANDENBURG. Zwischen 500 und 700 Teilnehmer werden heute und morgen zur 60. Tagung der Vereinigung Norddeutscher Augenärzte in Neubrandenburg erwartet. Für die Mediziner wird hinter der Stadthalle extra ein Zirkuszelt aufgebaut. Mit dem Chefarzt der Augenklinik am Neubrandenburger Dietrich-Bonhoeffer-Klinikum, Prof. Helmut Höh, sprach Frank Wilhelm.

Warum müssen Sie denn in einem Zirkuszelt tagen?

Die Stadthalle bietet leider nicht genug Platz für eine Industrieausstellung, für die wir rund 1000 Quadratmeter benötigen, sowie einen Vortragsraum mit mindestens 200 Plätzen. Wir haben uns für ein Zirkuszelt entschieden, weil es lichtundurchlässig ist, was wiederum für die Erkennbarkeit der Powerpoint-Präsentationen wichtig ist.

Wie kommt man denn an ein Zirkuszelt?

Ganz einfach, über einen Zeltverleiher. Das Zelt ist zwar teurer, aber wesentlich zweckmäßiger als die normalen mit den hellen Wänden.

Warum haben Sie sich nicht einen anderen Tagungsort in der Viertorestadt gesucht?

Weil es kein Tagungszentrum für Kongresse dieser Größenordnung in der Viertorestadt gibt. Das modernisierte HKB hätte die Größe, aber der Komplex ist ja leider noch nicht saniert.

Es ist sicher das erste Mal, dass die Vereinigung Norddeutscher Augenärzte in einem Zirkuszelt tagt?

(Helmut Höh lacht.) Mit Sicherheit! Ich bin gespannt, wie die Kollegen aus Niedersachsen, Schleswig-Holstein, Hamburg, Bremen und Mecklenburg-Vorpommern das aufnehmen werden.

Welche Themen bewegen die Augenärzte derzeit?

Unser Tagungsprogramm ist vielfältig. Es reicht von Vorträgen zu

Prof. Helmut Höh   FOTO: KLINIKUM

Oberflächenerkrankungen der Augen über Hornhauttransplantationstechniken bis hin zur Chirurgie des Grünen und des Grauen Stars. In der Stadthalle haben wir aber auch so genannte Wetlabs installiert, in denen die Ärzte Implantattechniken am Tier- und Kunstauge üben können.

Besonders freuen Sie sich auf den ungarischen Arzt Prof. Janos Nemeth.

Ja, er ist einer der bekanntesten Augenärzte und Forscher Ungarns, eine wissenschaftliche Kapazität. Er hat seine Forschungen auf den vorderen Augenabschnitt konzentriert. Ich bin schon sehr gespannt auf seinen Vortrag, in dem er unter anderem auf Untersuchungsmethoden eingeht, die wir selbst entwickelt haben.

Ihre Ober- und Assistenzärzte sowie weitere Mitarbeiter sind in die Durchführung der Konferenz voll mit eingebunden. Müssen sich die Patienten der Augenklinik Sorgen machen um ihre Betreuung?

Natürlich nicht. Zwei Ärzte sind vor Ort in der Augenklinik. Die Versorgung ist gesichert, genauso wie die Aufnahme und Behandlung von Notfällen.

Doch zum gewöhnlichen Lokaljournalismus gehört traditionell dessen Gläubigkeit gegenüber den Repräsentanten der lokalen Elite. Der Lokalchef einer kleinen Zeitung im ländlichen Raum hat kürzlich in einer wissenschaftlichen Befragung geäußert: Wenn der Lokaljournalist auch mal Kritik äußere, müsse er das so tun, dass man bei dem Betroffenen hinterher „immer noch auf den Hof fahren" kann. Daran ist so viel richtig, als der Lokaljournalist in der Tat das Kunststück fertigbringen muss, auch nach öffentlich geäußerter Kritik und nachfolgender Verstimmung bei den Objekten seiner Berichterstattung mit diesen dann doch wieder ins Gespräch zu kommen. Aber unter diesen sog. Partnern im öffentlichen Feld könnten ja auch Leute sein, über die man so viel Negatives erfahren (und berichtet) hat, dass man bei ihnen nun wirklich nicht mehr auf den Hof fahren möchte…

Krisen bergen bekanntlich auch Chancen – so auch hier. Unter politischen Journalisten hat ein selbstkritisches Nachdenken eingesetzt. Weiterdenker wie der stellvertretende Chefredakteur der „ZEIT", BERND ULRICH, fragen, ob Kritik an Politikern auch Verächtlichkeit beinhalten darf.

> „Warum verhalten sich Journalisten gegenüber der politischen Klasse so verächtlich, als hätten sie eine zweite im Kofferraum. (…) Wir stellen uns an die Spitze der Politikverdrossenheit und weisen immerzu nach, dass die Politiker von niedrigen Motiven getrieben sind, süchtig nach Aufmerksamkeit, gierig nach Macht, dem Volk entfremdet und reden können sie auch nicht. Das funktioniert, der politische Journalismus kann von den Verfallsgasen des Politischen leidlich leben. Aber wie lange? Nachhaltiger Journalismus ist das jedenfalls nicht."

ULRICHS Alternative:

> „Politischer Journalismus sollte kein gemeinsames Interesse haben – außer die Erhaltung der Reproduktionsmöglichkeiten demokratischer Politik. Konkret bedeutet das, dass wir gegen jede konkrete Politik anschreiben können, nur nicht gegen alle Politik. Dass wir die Kriterien der Kritik offenlegen müssen und diese Kriterien nicht so anlegen dürfen, dass die Politik immer nur verlieren kann. Auf die Dauer liest sich das auch besser."

ULRICH ist nicht der einzige, der diese Verantwortungsfrage aufwirft. Sein Chefredakteur GIOVANNI DI LORENZO tut es ihm gleich, ebenso der Chefpublizist des Ringier-Verlags, FRANK A. MEYER. Was hier aufscheint, ist eine neue Haltung politischer Journalisten: eine Haltung im Geiste völliger journalistischer Freiheit, aber auch der Verantwortung gegenüber schützenswerten Gütern wie Demokratie, Frieden und Menschenrechte.

Diese neue Nachdenklichkeit läuft für mich hinaus auf Folgendes: Was ehedem ein Programmauftrag nur für den öffentlich-rechtlichen Rundfunk war, nämlich beizutragen zur *Integration* der Gesamtgesellschaft, könnte und sollte ein Mandat für alle Medien werden. Denn Fliehkräfte, Segregationstendenzen haben wir fürwahr genug in dieser pluralen Gesellschaft. Und entsprechend viele Integrationsaufgaben, nicht nur, aber auch die multikulturelle.

In diese Richtung denkt offenbar auch BDZV-Präsident HELMUT HEINEN, wenn er sagt: „Zeitungen sind der Kitt unserer Gesellschaft." Über HEINEN hinaus sind vor allem DIRK IPPEN und BODO HOMBACH als Verleger zu nennen, die ihre Zeitungen nicht nur als Geschäft betreiben, sondern sie in den Dienst an der Demokratie gestellt sehen wollen – und die auch das intellektuelle Vermögen haben, darüber nachzudenken. Der streitbare Verleger DIRK IPPEN deutet auf einen wichtigen Punkt, wenn er sagt:

> „Die größte Gefahr für die gelebte Pressefreiheit aber kommt von innen her. Ich meine den Hang zum Konformismus und zu einer gewissen Hörigkeit gegenüber dem jeweiligen Zeitgeist. Da täte manchmal eine geistige Ohrfeige ganz gut."

Traumhochzeit der PC-Schrauber

Chinesischer Computerhersteller Lenovo will die Mehrheit am Essener Medion-Konzern übernehmen. Lieferant für Aldi

Insbesondere WAZ-Geschäftsführer BODO HOMBACH macht seit längerem mit mannigfaltigen Reden voller Ethos von sich reden. Ich finde, ein Sammelband ist überfällig. Ein etwas längeres Zitat aus einer Rede, die HOMBACH Ende vergangenen Jahres in Frankfurt hielt:

„Eine kleine Dosis Gewissenserforschung kann nicht schaden. Ahnen wir nicht, dass auch uns der Bürger abhandenkommt? Haben wir denn nachgefragt, wenn immer mehr Staat weite Teile der Gesellschaft besetzte, wenn er regelte, was Bürger selber regeln können, wenn er bevormundete, wo Bürger selber den Mund aufmachen können? Mit welchem Recht nennen wir unsere Produkte „Bürgerzeitung", wenn uns die Bürger davonlaufen? Weil wir Politikern, Wirtschafts-, Gewerkschafts- und Kirchenführern in die Falle gingen. Weil wir ihre Designer-Statements ungeprüft übernom-

men haben. Weil wir gern mit den Würdenträgern in der ersten Reihe saßen. Weil wir das Volk buchstäblich hinter uns ließen.

(…) Die Bürger wollen die Politik zurückerobern. Die Politik muss die
Bürger gewinnen. Das kann nur vor Ort beginnen. Die Rekonstruktion unseres gesellschaftlichen Zusammenhalts steht auf der Tagesordnung. Das ist
der große Auftrag an den bürgernahen Journalismus vor Ort. Sachlich informieren. Moderieren, Abwägen, aber auch Mobilisieren und Partei ergrei-
fen. Nicht für eine Partei, sondern für Bürgerinteressen.“

Dem kann man ohne weiteres zustimmen. Aber es bleibt doch die
Frage, ob denn die Zeitungen des WAZ-Konzerns das einlösen, was
dem Großen Meister vorschwebt, ob die Redaktionen die hehren Ziele
(noch) einlösen können, nachdem eine von HOMBACH gemanagte
Sparwelle mit drastischem Stellenabbau und Redaktionsschließungen

über sie hinweggerollt ist. Der stellvertretende WAZ-Chefredakteur, WILHELM KLÜMPER, hat vor einiger Zeit bei einem Besuch bei uns an der Uni sinngemäß gesagt, die eine oder andere Lokalredaktion weniger sei kein Problem. Dann schicke er halt einen Volontär dorthin. Der schneide dann halt die Ratssitzung mit einem kleinen Recorder mit, und das Audio werde ins Netz gestellt. Wo es sich jeder interessierte Bürger abrufen könne. Nein, so einfach geht es eben nicht. Da verabschiedet sich der Lokaljournalismus aus seiner Vermittlungsaufgabe, dem Bürger zu sagen, was relevant ist und wo welche Politikeräußerung interessengeleitet ist, wie sie also eingeordnet werden muss.

Das alles wirft Verantwortungsfragen auf, denen sich Verleger wie Journalisten stellen müssen. Die Frage nach der Verantwortung richtet sich vermehrt auch an die „Bild"-Zeitung. Das Boulevardblatt hat in den vergangenen Jahren immer wieder seine Kampagnenfähigkeit unter Beweis gestellt – und das trotz fallender Auflage. „Bild" liegt inzwischen deutlich unter drei Millionen Exemplaren täglich (2.855.893, minus 5,25 Prozent binnen Jahresfrist) und kann doch Regierungen, Parteien, Politiker, Gewerkschaften unter Druck setzen und Karrieren beenden. Oder versuchen, die eigenen Lieblinge auch noch in aussichtsloser Lage im Amt zu halten, wie zuletzt die gescheiterte „In Treue fest"-Kampagne für GUTTENBERG in der Plagiatsaffäre gezeigt hat.

Es gibt Kritiker, die solche Aktionen der einflussreichen Springer-Zeitung für eine Amtsanmaßung halten. Doch ist der dergleichen vom Grundrecht der Pressefreiheit gedeckt. Allerdings sind kritische Anfragen nicht nur erlaubt, sondern notwendig, wenn „Bild" z.B. in der Eurokrise ideologisierend die nationale Karte spielt und „die Griechen" pauschal für schuldig erklärt – eine schlichte populistische Sichtweise, die auch bei „Focus" zu lesen war. HANS-JÜRGEN ARLT und WOLFGANG STORZ haben diese Kampagne kritisch rekonstruiert, nachzulesen im Internet: www.bild-studie.de.

„Bild" skandalisiert Politik, sie nährt die Empörung der Vielen über Missstände, moralische Verfehlungen und Bereicherung. Die Frage ist aber, ob die Zeitung bei alledem auch für einen Rest an Loyalität für diese Demokratie und ihr politisches System zu sorgen vermag. Die allgemein zurückgehende Wahlbeteiligung ist ein Krisenphänomen, das nicht nur mit der mangelnden Überzeugungskraft von Politikern erklärt werden kann. Auch nach der Mitverantwortung der Medien sollte hier gefragt werden.

Integration ist meine erste normative Setzung gewesen. Jetzt kommt die zweite. Im Begriff der *Interpretation*, die sich in reiner Kommentierung bei Weitem nicht erschöpft, scheint m.E. eine renovierte Funktionsbestimmung für den Journalismus von morgen auf. Er ist es, der ein vollständiges Bild der Wirklichkeit zusammensetzt, der die Komplexität von Aufgaben und Problemen ohne Verkürzung beschreibt und die widerstreitenden Strömungen und die allgegenwärtigen Interessen- und Zielkonflikte bei der Problemlösung dokumentiert. Er ist es, der das Gesamtbild dann auch wieder auf das Wesentliche verständlich reduziert, der die Phänomene im Zusammenhang *auslegt, erklärt und deutet* – kurz: interpretiert. „Was hat es zu bedeuten?" – gültige Antworten auf diese Frage zu geben, ist die unverzichtbare und bis auf weiteres durch keine Alternative zu substituierende Verständnis- und Verständigungsleistung des Journalismus.

Die reine Nachricht, die pure Meldung vom Ereignis, ist heute infolge des Internets im Handumdrehen entwertet – der Hauptgrund für die momentane Krise im Geschäftsmodell der Nachrichtenagenturen. Wenn aber die Nachricht nicht mehr genügt, weil es sie gratis an jeder virtuellen Ecke im World Wide Web gibt, dann müssen andere Leistungen her, um den Begriff „Journalismus" mit Leben zu füllen. Der FAZ-Mitherausgeber WERNER D'INKA hat die „Dienstleistung des Erklärens" zu einer journalistischen Hauptaufgabe von morgen erhoben. In die gleiche Richtung denkt der Innenpolitik-Chef der „Süddeutschen Zeitung", HERIBERT PRANTL, wenn er dafür plädiert, die Zeitung zu re-intellektualisieren. Ihre Zukunft liege weniger im Reportieren als in der Reflexion des Zeitgeschehens, sie solle ein „Generalschlüssel" zum Verständnis der Wirklichkeit werden. Eigenschaften, wie sie *alle* Medien gut gebrauchen können.[23]

---

23 HERIBERT PRANTL, Die Zeitung ist tot. Es lebe die Zeitung, in: jetzt.de (Süddeutsche Zeitung online) <http://jetzt.sueddeutsche.de> [Stand: 13. 9. 2010, siehe dort unter „Archiv"].

Wie sieht ein zufriedener Zeitungleser aus? Vielleicht so: - das ist Vater Hesselbach aus der gleichnamigen Fernsehserie von 1961.

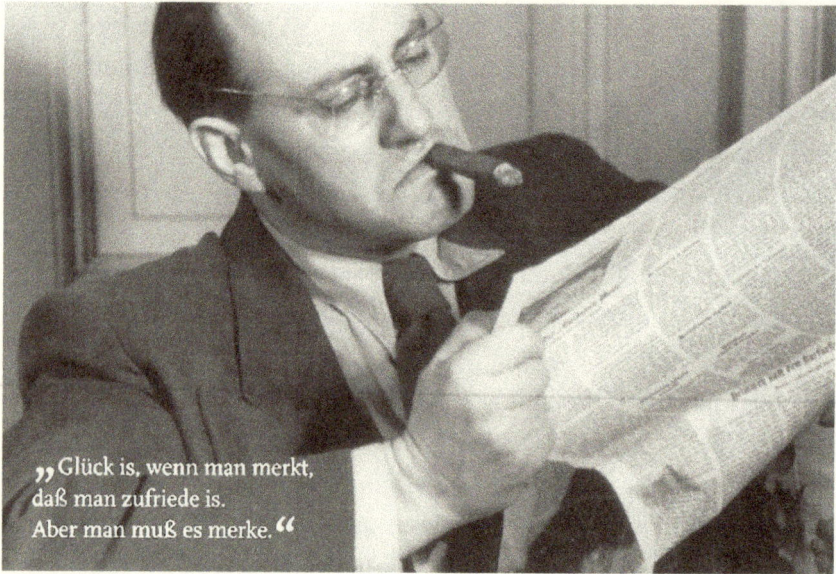

„Glück is, wenn man merkt, daß man zufriede is. Aber man muß es merke."

Eine altdeutsche Idylle. In anderen Ländern, selbst in europäischen, ist die Pressefreiheit bedroht.

In Italien z.B. eine Demo für Pressefreiheit im Rom des Jahres 2009:

Können Sie sich vorstellen, dass in Deutschland so viele Leute für Pressefreiheit, sollte sie bedroht sein, auf die Straße gehen? Und wenn nein, warum nicht?

Die Rolle des Fernsehens in der politischen Diskussion

Univ.-Prof. Dr. Hans Mathias Kepplinger
Johannes Gutenberg-Universität Mainz

Einleitung

Traditionell haben wir folgende demokratietheoretische Vorstellung, deren Quellen im 18. und 19 Jahrhundert liegen und durch Studien aus den 50er und 60er Jahren bestärkt wurden. Beispiele dafür sind DANIEL LERNERS „The Passing of Traditional Society"[24] und SEYMOUR MARTIN LIPSETS „Political Man"[25]. Ihre Grundgedanken sind: Wenn die Bildung, die Zahl der Medien und die Angebotsvielfalt steigen, dann verbessert sich der Informationsstand der Bevölkerung, vergrößert sich das politische Interesse und nimmt die politische Beteiligung zu. Die gleichen Annahmen finden sich implizit in der kommunikationspolitisch relevanten Argumentation des BVerfG. Dummerweise bestätigen die Fakten diese Annahmen nicht.[26] Es gibt keinerlei Belege dafür, dass in den Ländern mit freier Presse, z.B. in den USA oder der Bundesrepublik Deutschland, im Laufe der Jahrzehnte der politische Kenntnisstand der Bevölkerung nennenswert gestiegen ist. Auch

---

24 DANIEL LERNER ([1958] 1963). The Passing of Traditional Society. Modernizing the Middle East. Glencoe: The Free Press.

25 SEYMOUR MARTIN LIPSET (1960): Political Man: The Social Basis of Politics. London: Heinemann, 2. Auflage 1983

26 Vgl. HANS MATHIAS KEPPLINGER (2010): Empirische Grundlagen von Theorien der politischen Kommunikation. In: CARSTEN REINEMANN / RUDOLF STÖBER (Hrsg.): Wer die Vergangenheit kennt, hat eine Zukunft. Festschrift für JÜRGEN WILKE. Köln, S. 79-103.

die politische Beteiligung ist nicht gestiegen, sondern hat abgenommen. Dies trifft auch auf zahlreiche vergleichbare Länder zu. Selbst die Schweiz macht hier keine Ausnahme.

Vielfalt, d. h. eine größere Auswahl, verbunden mit mehr Informationsmöglichkeiten hat faktisch eher das Gegenteil dessen zur Folge, was man sich von Vielfalt erwartet hat: Je mehr Vielfalt und Auswahl, desto eher umgeht ein Großteil der Bevölkerung die Informationsangebote. Dies wird für alle erkennbar durch das Internet, das nur von einer kleinen Minderheit als Quelle von Informationen über das aktuelle, politisch relevante Geschehen genutzt wird. Deshalb wird die Wissenskluft zwischen der im engeren Sinn politisch interessierten Minderheit und der Masse der allenfalls oberflächlich Interessierten eher größer als kleiner. Daraus folgt: Die Prämissen, auf denen die Theorien der liberalen Demokratien beruhen, sind – zumindest für entwickelte Gesellschaften – falsch.

Was sind die Konsequenzen? Die praktische Konsequenz besteht darin, dass man versuchen muss, zu retten, was zu retten ist. Man sollte deshalb alles unternehmen, um den Informationsstand und das politische Interesse der Bevölkerung so stark zu machen, wie es geht. Ein Mittel dazu ist – bei allen Vorbehalten gegen die Eigeninteressen von Großorganisationen – der öffentlich- rechtliche Rundfunk. Einen Beleg für die Richtigkeit dieser These liefert eine neuere, international vergleichende Untersuchungen über das Informationsangebot des Fernsehens und den Wissenstand der Bevölkerung in Ländern mit einem dualen System und mit einer faktischen Alleinstellung kommerzieller Anbieter.[27]

---

27   Vgl. JAMES CURRAN / SHANTO IYENGAR / ANKER BRINK LUND / INKA SALOVAARA-MORING (2009). Media Systems, Public Knowledge and Democracy. A Comparative Study. European Journal of Communication 24, S. 5-26.

Die theoretische Konsequenz sind notwendige Antworten auf zwei Fragen. Erstens: Wie lange können wir ohne Gefahr für die Legitimität liberaler Demokratien mit Theorien leben, deren Prämissen ganz offensichtlich falsch sind? Zweitens: Müssen wir nicht daran gehen, unsere Demokratietheorie der Realität anzupassen? Ansätze dafür gibt es, vor allem in dem Werk von WALTER LIPPMANN[28], der schon in den 20er Jahren auf die erwähnte Diskrepanz zwischen Theorie und Realität hingewiesen und festgestellt hat, dass die Medien diese Diskrepanz schon deshalb nicht beseitigen können, weil selbst die politisch Interessierten nicht bereit sind, den Preis für gute Informationen zu bezahlen – von der Mehrheit der politisch Desinteressierten ganz abgesehen. Dieses Desinteresse lässt sich in einer freien Gesellschaft auch durch Angebotsvielfalt nicht beseitigen. Möglich wäre dies nur, wie die jüngere Geschichte gezeigt hat, in einer Erziehungsdiktatur. Das führt zu der Frage: Wie können wir uns von der erwähnten Lebenslüge der liberalen Demokratien befreien und eine realistischere Grundlage für die Theorie der liberalen Demokratie finden?

Quellen der Informationen und Meinungen

Nach diesen einleitenden Bemerkungen komme ich zu einigen empirischen Befunden. Meine erste Frage lautet: Wo informiert sich die Bevölkerung über das aktuelle, politisch relevante Geschehen? Die Antworten stammen aus einer Wahlstudie, die ich mit MARCUS MAURER von 1998 bis 2002 durchgeführt habe. Die hier erwähnten Fragen haben wir kurz nach der Bundestagswahl 2002 gestellt. Die Eingangsfrage zielte generell auf die genutzten Informationsquellen. Sie lautet:

---

28 LIPPMANN, WALTER ([1922] 1961). Public Opinion. New York: Macmillan.

"Es gibt ja verschiedene Möglichkeiten, wie man sich vor einer Wahl über das aktuelle Geschehen und das, was die Parteien wollen, informieren kann. Ich nenne Ihnen jetzt einige Möglichkeiten. Welche haben Sie vor der letzten Bundestagswahl gar nicht, gelegentlich oder öfter genutzt?"

Im Anschluss daran haben wir eine gezielte Frage nach den wichtigsten Informationsquellen gestellt. Sie lautet:

"Und nun noch zu einigen Medien. Sagen Sie mir bitte auch hier, wie oft Sie sich dort über das aktuelle Geschehen und das, was die Parteien wollen, informiert haben: gar nicht, gelegentlich oder öfter."

Ausgewiesen sind die Werte dafür, dass die Quellen „öfter" genutzt wurden.

Die Rangordnung der genutzten Informationsquellen ist eindeutig: Zunächst kommt das Fernsehen, dann regionale Tageszeitungen sowie Freunde, Kollegen und Verwandte. Danach kommen das Radio, die Wochenzeitungen und die überregionalen Abonnementzeitungen. Das mag überraschen – aber man muss sich klarmachen: Die kumulierte Auflage der überregionalen Qualitätszeitungen liegt unter 5 Prozent - mehr Menschen lesen in Deutschland nicht die *Frankfurter Allgemeine Zeitung*, die *Süddeutsche Zeitung*, *Die Welt*, die *Frankfurter Rundschau* und einige andere. Selbst wenn man den *Spiegel* und den *Stern* dazu nimmt, bleiben die Werte unter 10 Prozent. Mehr sind es nicht. Dies relativiert allzu optimistische Vorstellungen von der Zahl der im engeren Sinn politisch Interessierten. Die Schätzungen über ihren Anteil belaufen sich für Amerika auf 10-15 Prozent, für Deutschland auf ungefähr 10-20 Prozent (Schaubild 1).[29]

---

29 Vgl. HANS MATHIAS KEPPLINGER / MARCUS MAURER (2005): Abschied vom rationalen Wähler. Warum Wahlen im Fernsehen entschieden werden. Freiburg i. Br., S. 58-71.

Schaubild 1: Die wichtigsten Quellen von Informationen über das aktuelle Geschehen.

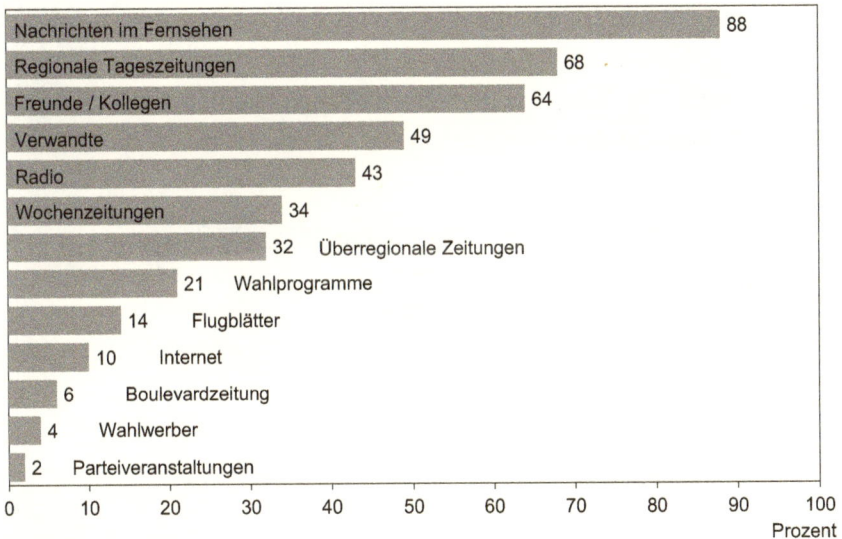

Quelle	Prozent
Nachrichten im Fernsehen	88
Regionale Tageszeitungen	68
Freunde / Kollegen	64
Verwandte	49
Radio	43
Wochenzeitungen	34
Überregionale Zeitungen	32
Wahlprogramme	21
Flugblätter	14
Internet	10
Boulevardzeitung	6
Wahlwerber	4
Parteiveranstaltungen	2

Basis: telefonische Befragung von 532 Wahlberechtigten im Rhein-Main-Gebiet vom 7.-11. Oktober 2002
Quelle: Kepplinger & Maurer, 2005, S. 61

In einem weiteren Frageschritt haben wir nach der Bedeutung der Informationsquellen für die Meinungsbildung gefragt. Die Frage lautete: *Wenn Sie an die verschiedenen Möglichkeiten denken: „Was war die wichtigste, was hat Ihnen am meisten geholfen sich eine Meinung zu bilden?"* Ausgewiesen sind die Werte für die „wichtigsten" Quellen der Meinungsbildung. Hier sind die Befunde noch klarer: Die Nachrichten des Fernsehens sind bei weitem die wichtigste „Hilfe" bei der Meinungsbildung. Jeder Zweite nennt sie, die Tageszeitungen kommen mit weitem Abstand auf 13 Prozent, die Wochenzeitungen auf 8 Prozent. Parteiveranstaltungen, Wahlwerbung etc. spielen praktisch keine Rolle. Der Grund ist naheliegend: Parteiveranstaltungen werden für die Parteiangehörigen veranstaltet, um den Wahlkampf in

Schwung zu bringen. Sie besitzen andere Funktionen. Als Quelle der
Informationen und Meinungen sind sie aber unbedeutend, weil sie von
Leuten besucht werden, die ohnehin schon die Meinung haben, die die
Parteien vertreten (Schaubild 2).

Schaubild 2: Die Relevanz der verschiedenen Quellen für die politische Meinungsbildung.

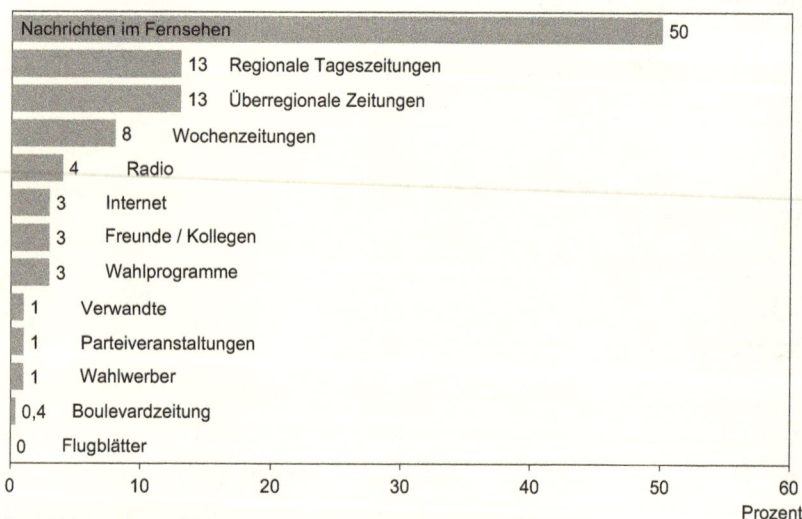

Quelle	Prozent
Nachrichten im Fernsehen	50
Regionale Tageszeitungen	13
Überregionale Zeitungen	13
Wochenzeitungen	8
Radio	4
Internet	3
Freunde / Kollegen	3
Wahlprogramme	3
Verwandte	1
Parteiveranstaltungen	1
Wahlwerber	1
Boulevardzeitung	0,4
Flugblätter	0

Basis: telefonische Befragung von 532 Wahlberechtigten im Rhein-Main-Gebiet vom 7.-11. Oktober 2002
Quelle: Kepplinger & Maurer, 2005, S. 63

Informations- und Meinungsangebote

In den Sozialwissenschaften und Feuilletons gibt eine wachsende Diskussion über die Notwendigkeit einer deliberativen, auf rationalen
Diskursen beruhende, Demokratie. Auch in den Urteilen das BVerfG
heißt es mehrfach, dass sich die Menschen ein begründetes, ein ratio-

nales Urteil bilden müssen. Lassen wir die Frage beiseite, wie viele Menschen das tatsächlich machen bzw. wie viel Prozent der Bevölkerung unter idealen Bedingungen sich ein begründetes Urteil über öffentliche Angelegenheiten bilden würden. Eine erste Voraussetzung hierfür besteht darin, dass die am meisten genutzten Informationsquellen hinreichend viele Informationen anbieten. Ich illustriere diesen Aspekt anhand einer Inhaltsanalyse der Berichterstattung über die Finanzkrise. Erfasst wurde die Berichterstattung von *FAZ, SZ* und *Bild, Spiegel* und *Focus, Tagesschau, heute* und *RTL aktuell*, sowie *Tagesthemen* und *Heute Journal* von Anfang September 2008 bis Ende September 2009. Hierbei handelt es sich (inklusive der gesondert erfassten An- und Abmoderationen) um insgesamt 4.177 Beiträge. Zunächst zur Menge der Information: Wie viele Informationen boten die verschiedenen Medien? Ein erster Indikator ist die Anzahl der Beiträge mit Aussagen zu Staatsinterventionen. Schaubild 3 illustriert die Menge der angebotenen Beiträge (Schaubild 3).[30]

---

30 Vgl. hierzu um zum Folgenden HANS MATHIAS KEPPLINGER / STEFAN GEIß: Die Argumentationsqualität der Berichterstattung. In: OLIVER QUIRING / HANS MATHIAS KEPPLINGER / MATHIAS WEBER / STEFAN GEIß: Lehman Brothers und die Folgen. Wiesbaden: VS-Verlag 2012 (im Druck).

Schaubild 3: Intensität der Berichterstattung über die Finanzkrise
- Anzahl der Beiträge -.

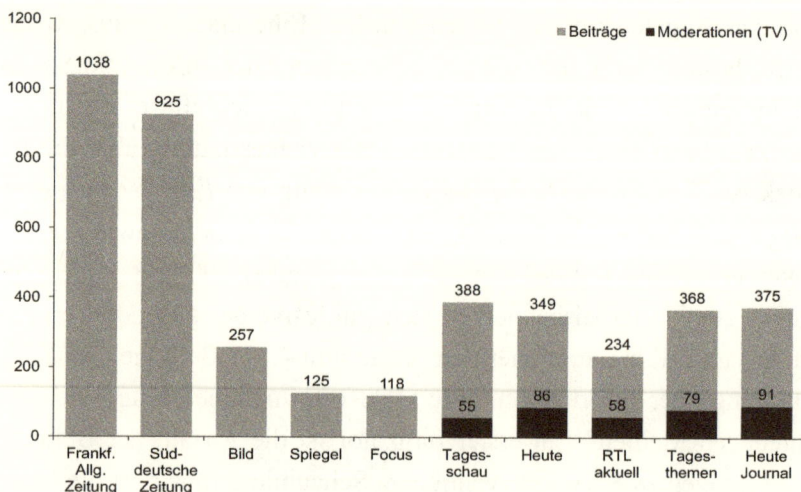

Vgl. dazu auch KEPPLINGER / GEIß 2012

Als Ergebnis kann man festhalten: Die *Frankfurter Allgemeine Zeitung* und die *Süddeutsche Zeitung* stellen ein überwältigend umfangreiches Informationsangebot zur Verfügung. Auch die Fernsehsendungen wie *Tagesschau* und *heute* liegen nicht schlecht hinsichtlich der Informationsmenge. Man muss sich allerdings klar machen, dass die Menge der Informationen in den Artikeln der Qualitätszeitungen weit über das hinausgeht, was das Fernsehen in seinen Nachrichten und Magazinsendungen liefern kann. Die Menge der Informationen ist aber nicht das Ziel meiner Argumentation. Ich möchte auf die Frage hinaus: Wie rational ist das Informationsangebot? Wie gut kann man sich anhand der Berichterstattung der verschiedenen Medien ein Urteil bilden?

Argumentationsqualität

Was kann man unter Argumentationsqualität verstehen? Um das Konzept des rationalen Diskurses zu analysieren, haben wir ein anhand der Staatsinterventionen ein Modell erarbeitet: Auf erster Ebene finden sich relevante Sachinformation - es geht um die Thematisierung: Wird überhaupt etwas über Staatsinterventionen gesagt? Die zweite Ebene betrifft konkrete Maßnahmen: Wird eine konkrete Maßnahme genannt? Die dritte Ebene ist den Begründungen gewidmet: Wird die Maßnahme irgendwie begründet? Die vierte Ebene betrifft die Begründung der Begründungen: Wird eine Begründung – sofern sie gegeben ist - gerechtfertigt, etwa mit Verweis auf die soziale Marktwirtschaft oder auf andere, allgemeinen Erkenntnisse der Wirtschaftswissenschaft, gegeben? Je weiter eine Argumentation fortschreitet, desto größer ist ihre Argumentationtiefe: Die Argumentation dringt zu tieferen, grundlegenderen Begründungen vor. Neben den Ebenen, die in der Grafik auf der linken Seite verzeichnet sind, finden Sie auf der rechten Seite Bewertungsdimension. Dies zeigt an, dass jede Forderung oder Begründung positiv oder negativ bewertet werden kann und entsprechend erfasst wurde. Eine vollständige Argumentation liegt nach dem Modell vor, wenn Staatsinterventionen angesprochen werden, eine konkrete Maßnahme zum Eingriff in die Wirtschaft genannt wird, eine Begründung für die Maßnahme dargelegt wird, diese Begründung auf einer nachvollziehbaren Grundlage beruht. Dies führt, weil die Thematik mehrdimensional ist, zu einem ausgesprochen komplexen System (Schaubild 4).

Schaubild 4: *Argumentationsqualität – Struktur einer rationalen Argumentation*

	Sachinformationen		Bewertungen
I	Thematisierung von Staatsinterventionen		
↓		→ IB	Bewertung von Staatsinterventionen (Befürwortung / Ablehnung)
II	Thematisierung von Maßnahmen		
↓		→ IIB	Bewertung von Maßnahmen
III	Begründung von Maßnahmen		
↓		→IIIB	Bewertung der Begründung von Maßnahmen
IV	Begründung der Begründung von Maßnahmen		

Quelle: KEPPLINGER / GEIß 2012

Einen Überblick über die Ergebnisse der quantitativen Analyse der Berichterstattung über die Finanzkrise anhand des skizzierten Modells gibt Schaubild 2. Links sehen sie das Aufgreifkriterium – die Staatsinterventionen. Sie mussten in dem Beitrag angesprochen werden, damit er erfasst wurde. Deshalb erreichen alle Balken, die die einzelnen Medien repräsentieren, 100 Prozent. Daneben erkennen Sie den Anteil der Beiträge, in denen Maßnahmen thematisiert wurden, daneben den Anteil der Beiträge mit Begründungen für solche Maßnahmen und daneben schließlich den Anteil der Beiträgen, in denen solche Begründungen ihrerseits mit theoretischen oder praktischen Hinweisen gerechtfertigt wurden. Dabei kann es sich um Verweise auf historische Erfahrungen, Erkenntnisse der Wirtschaftswissenschaft oder auch nur um Common-Sense-Argumente handeln. Je weiter man nach rechts kommt, desto spezifischer wird die Darstellung und desto so seltener finden sich entsprechende Informationen. Anders formuliert: Je mehr die Argumentationstiefe zunimmt, desto seltener werden die Beiträge. Zur Erläuterung sei erwähnt: Die Basis der Prozentuierungen sind alle Beiträge, in denen Maßnahmen genannt sind.

Die Medien sind folgendermaßen geordnet: Die Balken ganz hinten stehen für die Qualitätszeitungen; davor befinden sich die Balken für die Wochenmagazine; in der Mitte sind die Fernsehmagazine dargestellt, davor die Fernsehnachrichten und ganz vorne die Boulevardzeitung. Der Vergleich der Medien vermittelt folgendes Bild: Alle Medien thematisierten, wenn sie über mögliche Staatsinterventionen berichten, fast immer Maßnahmen. Man kann das auch umgekehrt formulieren: Die Medien berichteten nur dann über Staatsinterventionen, wenn Maßnahmen zur Diskussion standen. Dies liegt in der Natur der Sache, denn die Medien sind nicht der Ort für theoretische, von aktuellen Plänen unabhängige Diskussionen. Sobald es um Begründungen für Maßnahmen geht, zeigen sich allerdings erhebliche Unterschiede zwischen den einzelnen Medien und Formaten. In der Berichterstattung der Qualitätszeitungen und der Wochenmagazine wurden Forderungen nach Maßnahmen bzw. die Ablehnung von Maßnahmen relativ oft begründet. Deutlich seltener fanden sie sich in der Berichterstattung der Fernsehmagazine, Fernsehnachrichten und der Boulevardzeitungen, hier vertreten durch *Bild*.

Verfolgt man die Argumentation einen Schritt weiter und fragt, ob die erwähnten Begründungen für oder gegen Maßnahmen erkennbar auf theoretischen, praktischen oder historischen Grundlagen abgeleitet oder wenigstens durch Common-Sense-Überlegungen gerechtfertigt werden, gewinnt man einen deutlich anderen Eindruck: Erstens enthalten nur sehr wenige Beiträge aller Medien solche Begründungen. Zweitens heben sich hier die Beiträge in den Wochenmagazinen und Fernsehmagazinen deutlich von den anderen Beiträgen ab. Der Grund hierfür liegt im verfügbaren Platz, bzw. der verfügbaren Zeit. Drittens erkennt man, dass die *Bild* nur sehr selten Begründungen für oder gegen die Forderung nach oder die Ablehnung von Maßnahmen brachte (Schaubild 5).

Schaubild 5: *Argumentationstiefe: Thematisierung von Aspekten*

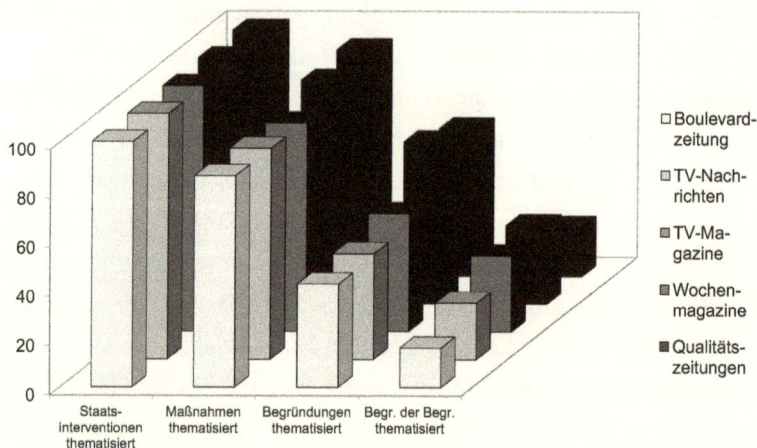

Quelle: KEPPLINGER / GEISS 2012

Bei der Analyse der Begründungen der Begründungen haben wir drei Klassen von Argumenten unterschieden: Verweise auf den „gesunden Menschenverstand", „Fallbeispiele" und „wissenschaftliche Befunde". In der Berichterstattung aller Medien wurden die Begründungen der Forderung oder Ablehnung von Maßnahmen nur sehr selten mit Verweis auf wissenschaftliche Befunde erläutert (6 Prozent). Am ehesten geschah dies noch in den Qualitätszeitungen (9 Prozent), nahezu nie in den Fernsehmagazinen (1 Prozent). Wesentlich häufiger wurden die Begründungen der Forderung für oder der Ablehnung von Maßnahmen durch Fallbeispiele begründet – historische Erfahrungen, vorangegangene Fälle usw. (27 Prozent). Besonders häufig geschah das in der Berichterstattung der Wochenmagazine, der Qualitätszeitungen und – überraschender Weise – in *Bild* (42-39 Prozent). Weitaus am häufigsten verwiesen alle Medien zur Begründung der Forderung nach oder Ablehnung von Maßnahmen auf den gesunden Menschenverstand – Allgemeinwissen, logische Folgerungen daraus usw. (67 Prozent). Besonders häufig fanden sich solche Begründungen der Begründungen in den Fernsehnachrichten und Fernsehmagazinen (83 Prozent, 86 Prozent). Dies relativiert die Bedeutung der vielen Begründungen in den Fernsehmagazinen: Häufig handelte es sich um eher allgemeine Argumente, die nicht wesentlich über die Forderung nach bzw. Anlehnung von Maßnahmen hinauswiesen.

Argumentationsrichtung

Etwa die Hälfte der Beiträge über Staatsinterventionen besaß eine klar erkennbare Tendenz – sie sprechen sich dafür oder dagegen aus. Relativ hoch war der Anteil dieser Beiträge in den Qualitätszeitungen und Wochenmagazinen (jeweils 51 Prozent), relativ niedrig war er in den

Fernsehnachrichten und *Bild* (jeweils 38 Prozent). Die Fernsehmagazine lagen dazwischen (47 Prozent). Die Beiträge in den Qualitätszeitungen, Fernsehnachrichten, Fernsehmagazinen und *Bild* präsentierten überwiegend Stellungnahmen, bzw. Argumente, die für Staatsinterventionen sprachen. Besonders markant war diese Tendenz in der Berichterstattung der Fernsehnachrichten und Fernsehmagazine. Eine entgegengesetzte Tendenz besaß nur die Berichterstattung der Wochenmagazine. Sie sprachen sich überwiegend gegen Staatsinterventionen aus. Zwischen den einzelnen Blättern und Sendungen bestanden allerdings deutliche Unterschiede, die im Rahmen dieses Vortrags aber nicht im Einzelnen dargestellt werden können (Schaubild 6).

Schaubild 6: *Argumentationsrichtung der Bewertungen*
- TV ohne Moderationen -

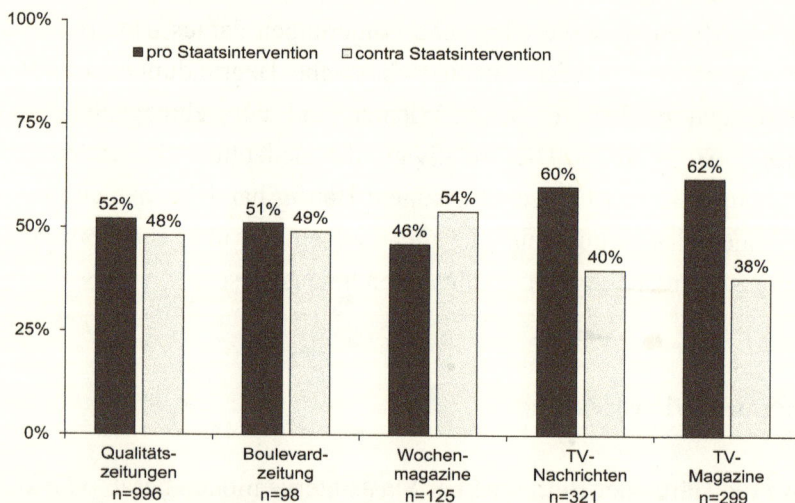

Vgl. dazu auch KEPPLINGER / GEIß 2012

Die Fernsehsender fielen mit ihren Nachrichten- und Magazinsendungen deutlich aus dem Urteilsrahmen der anderen Medien. Deshalb soll geprüft werden, ob die Tendenz der Beiträge – ihre deutliche Unterstützung von Forderungen nach Staatsinterventionen, bzw. deren vorrangige Präsentation – von den An- und Abmoderationen relativiert oder intensiviert wurde. Dies ist auch deshalb relevant, weil die Anmoderationen als „Frame" wirken können, die die Interpretation der Berichte durch die Zuschauer in eine bestimmte Richtung lenken können. Für keine dieser Vermutungen gibt es keine Belege, weil die meisten Moderationen neutral gehalten waren. Konzentriert man die Betrachtung auf die wertenden Moderationen, erkennt man allerdings eine klare Tendenz: Sie sprachen sich entschieden für Staatsinterventionen aus (Tabelle 1)

*Tabelle 1: Bewertung von Staatsinterventionen in Nachrichtenbeiträ-
gen und Moderationen: ARD Tagesschau*

Staatseingriffe wer-den...	Nachricht n	Moderation n
...eindeutig abgelehnt	27	0
...überwiegend abge-lehnt	28	2
...ambivalent /neutral/ abwägend bewertet	44	12
...überwiegend befür-wortet	38	0
...eindeutig befürwortet	43	7
Summe	180	21

Vgl. dazu auch KEPPLINGER / GEIß 2012

Einfluss der Beitragslänge auf die Argumentationstiefe

Theoretisch kann man annehmen: Je länger Beiträge sind, desto größer ist ihre Argumentationstiefe. Einen Beleg hierfür lieferte bereits
der Vergleich der Argumentationstiefe der Wochenmagazine mit jener
der Qualitätszeitungen (vgl. Schaubild 5). Ein ähnlicher Zusammenhang zeigt sich auf breiter Basis anhand der Berichterstattung der
Fernsehnachrichten und Fernsehmagazine, die hier zur Vereinfachung
der Darstellung zusammen betrachtet werden. Nicht eingeschlossen
sind die An- und Abmoderationen, die die Befunde aufgrund ihres
spezifischen Charakters verfälschen würden. Je länger die Beiträge
waren, desto eher enthielten sie Begründungen für Maßnahmen – der

Anteil stieg von 61 Prozent bei den Kurzmeldungen bis 31 Sekunden auf 82 Prozent bei ausführlicheren Meldungen über 61 Sekunden. In ähnlicher Weise stieg der Anteil der Begründungen für Begründungen von 31 Prozent auf 51 Prozent (Tabelle 2)

Tabelle 2: *Einfluss der Länge von Fernsehinformationen auf die Argumentationstiefe*

	<31sec (n=628) %	31-60sec (n=276) %	>60sec (n=810) %
Thematisierung von Staatsinterventionen	100	100	100
Thematisierung von Maßnahmen	84	87	87
Begründungen von Maßnahmen	24	33	65
Begründungen von Begründungen	12	21	40

Vgl. dazu auch KEPPLINGER / GEIß 2012

Der klare Zusammenhang zwischen Beitragslänge und Argumentationstiefe führt zu der Frage, wie sich die Beitragslänge der Fernsehberichterstattung entwickelt hat. Eine Antwort darauf gibt eine Studie von WOLFGANG DONSBACH und KATRIN BÜTTNER, die Dauer der Stellungnahmen von Politikern in Fernsehnachrichten von 1983 bis 1998 untersucht haben. Sie hat sich in den Fernsehnachrichten der öffentlich-rechtlichen Fernsehsender im Laufe des Untersuchungszeitraumes praktisch halbiert und dabei den von Beginn an kurzen Stellungnahmen in den Nachrichten der Privatsender angeglichen. Am

Ende des Untersuchungszeitraumes blieben Politikern im Durchschnitt noch etwa 15 Sekunden für die Darstellung ihrer Vorhaben, Bewertungen und Begründungen. Weil zwischen der Länge der Beiträge und der Argumentationstiefe ein deutlicher Zusammenhang besteht, muss man aus den Befunden von DONSBACH und BÜTTNER folgern, dass im Laufe der untersuchten Jahre die Argumentationsqualität der Fernsehnachrichten der öffentlich-rechtlichen Sender abgenommen hat. Hierfür spricht auch die Einschätzung, dass man innerhalb von 15 Sekunden kaum eine differenzierte Argumentation vortragen kann. Gleichzeitig hat eine Emotionalisierung der Politikberichterstattung der Fernsehnachrichten der Privatsender stattgefunden, die ein tieferes Verständnis der berichteten Sachverhalte ebenfalls eher behindern als fördern dürfte (Schaubild 7).[31]

---

31 Vgl. WOLFGANG DONSBACH / KATRIN BÜTTNER (2005). Boulevardisierungstrend in deutschen Fernsehnachrichten. Darstellungsmerkmale der Politikberichterstattung vor den Bundestagswahlen 1983, 1990 und 1998. Publizistik 50, S. 21-38.

Schaubild 7: *Entwicklung der Fernsehnachrichten von 1983 bis 1998*
Dauer von Stellungnahmen   *Emotionalisierung*
in der Politikberichterstattung   *der Politikberichterstattung*

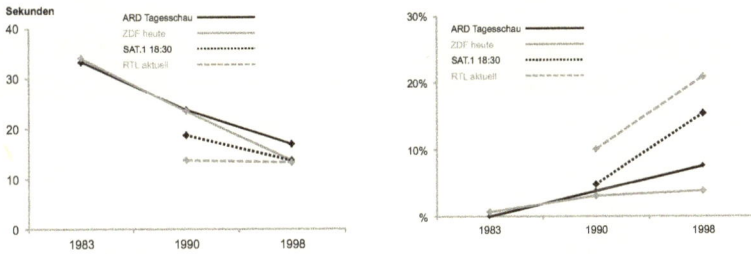

Quelle: DONSBACH, BÜTTNER 2005.

Die Rolle der Medien in Gesprächen

Zentrales Thema der Medienwirkungsforschung ist der Einfluss der Medien auf die Meinungsbildung. Trotz der im Wortsinn unzähligen Studien gibt es eine große Forschungslücke. Hierbei handelt es sich um die Frage, was die Leser, Hörer und Zuschauer vom dem Gelesenen, Gehörten und Gesehenen an ihre Gesprächspartner weitergeben, warum sie das tun und welche Wirkungen das auf ihre Gesprächspartner besitzt. Auskunft gibt eine verdeckt-teilnehmende Beobachtung, die wir vor einigen Jahren an Bushaltestellen, in Kneipen, Uni-Treffs und Wohnungen durchgeführt haben. Verdeckt-teilnehmend heißt, dass die Beobachtungen so durchgeführt wurden, dass die beobachteten Personengruppen nicht bemerken konnten, dass sie beobachtet wurden. Festgehalten wurde dabei unter anderem: Wie groß sind die Gruppen? Welche Gesprächsrolle haben die Teilnehmer? Wer kam auf die Medien oder Medieninhalte zu sprechen? Welche Funktionen hatten ihre Medienhinweise im Gespräch? Aus dieser komplexen Studie will ich einige Daten präsentieren. Zunächst zum Alter der Personen, die auf Medien verweisen und den Funktionen, die solche Verweise besitzen. Hier zeigen sich deutliche Unterschiede: Die Jungen unter 30 Jahren verteidigten mit Hinweisen auf die Medien ihre Meinungen. Sie sind junge Kämpfer, die die Medien nutzen, um ihre eigene Position zu stärken. Die Menschen mittleren Alters, nutzten Medieninhalte dagegen vor allem, um Gespräche anzufangen. Man kann sie als Unterhaltungsbedürftige bezeichnen, die nach einem Anlass für Gespräche suchen. Die Älteren verteidigten ebenfalls mit Hinweis auf die Medien ihre eigene Meinung – im Unterschied zu den Jungen - aber auch die Meinung von anderen mit dem Verweis auf die Medien. Vor allem für sie sind die Medien eine virtuelle Bezugsgruppe, in die sie sich einordnen (Tabelle 4).[32]

---

32   Vgl. HANS MATHIAS KEPPLINGER (2010): Funktionen der Massenmedien in der Alltagskommunikation. In: derselbe: Medieneffekte. Wiesbaden: VS-Verlag, S. 259-275

Tabelle 4: *Alter der Gesprächsteilnehmer und Funktionen der Erwähnung von Massenmedien*

| Funktionen | Alter | | | |
	unter 30 (n=140) %	30-55 (n=94) %	über 55 (n=75) %	Summe* (n=309) %
Gesprächsanlass	21	29	24	24
Unterrichtung über Fakten	27	37	40	33
Verteidigung von Meinungen	33	22	30	29
davon:				
pro eigene Position	20	15	15	17
pro Position von anderen	10	4	14	9
contra Position von anderen	3	3	1	3
Frage	10	7	1	7
Gesprächsauflockerung	9	5	1	6
Gesprächseinwurf	-	-	4	1
Summe	100	100	100	100

Quelle: KEPPLINGER 2010, S. 270

Welche Rolle im Gespräch haben diejenigen, die Medien oder Medieninhalte erwähnen? Wir haben – unabhängig vom Alter und anderen Aspekten - zurückhaltende, interessierte und dominierende Menschen unterschieden. Zwischen diesen Aspekten – etwa der Alter, dem Geschlecht und der Gesprächsrolle – bestehen komplexe Beziehungen, auf die ich hier nicht eingehen kann. Trotzdem möchte ich Ihnen zur Illustration einen Befund vorstellen: Die dominierenden Gesprächsteilnehmer, die die Gespräche steuern, nutzten die Medien und Medieninhalte vor allem, um ein Gespräch anzufangen und um über Fakten zu informieren. Das sind vermutlich die Meinungsführer, die Ich-Starken im Sinne der Kommunikationsforschung. Die interessierten Gesprächsteilnehmer, die eher aufmerksam zuhören, verteidigten dagegen vor allem ihre Meinungen, indem sie auf Medien Bezug nahmen. Sie nutzten die Medien oder Medienhalte zur Verstärkung ihrer Position. Man ahnt: Die Wirkung der Medien endet nicht beim Rezipienten, sondern erstreckt sich auch auf Menschen, die die Medien und Medieninhalte, um die es geht, unter Umständen gar nicht selbst genutzt haben (Tabelle 5).

Tabelle 5: *Rollen der Gesprächsteilnehmer und Funktionen der Erwähnungen von Massenmedien*

Funktionen	Gesprächsrollen*				
	Passiv	Zurück-haltend	Interes-siert	Dominie-rend	Summe
	(n=2)	(n=82)	(n=74)	(n=126)	(n=304)
	%	%	%	%	%
Gesprächsanlass	50	27	12	31	24
Unterrichtung über Fakten	50	29	30	39	33
Verteidigung von Meinungen	-	23	45	20	29
davon:					
pro eigene Position	-	12	22	16	17
pro Position von anderen	-	10	19	2	9
contra Position von anderen	-	1	4	2	3
Frage	-	11	6	5	7
Gesprächsauflockerung	-	9	5	5	6
Gesprächseinwurf	-	1	1	-	1
Summe	100	100	100	100	100

Quelle: KEPPLINGER 2010, S. 269

Seit wir unsere Studie zur Funktion der Medien in Alltagsgesprächen durchgeführt haben, sind einige Jahre vergangen. In der Zwischenzeit hat sich die Medienlandschaft erheblich geändert. Dies betrifft nicht nur das Auftauchen des Internets, sondern auch die wachsende Konkurrenz im Fernsehen und in der Presse und der zunehmenden Zersplitterung der Leser- Hörer- und Zuschauerschaft. Deshalb drängt

sich die Frage auf: Wie hat sich die Bedeutung der Medien in Gesprächen im Laufe der Jahre verändert? Auskunft darüber gibt eine Studie
von VOLKER GEHRER und LUTZ GOERTZ.[33] Die beiden Kollegen haben eine methodisch nicht ganz so komplexe Studie durchgeführt, die
aber den Vorzug hat, dass sie die Veränderung der Medien als wich-
tigstes Gesprächsthema aufzeigt. Es handelt sich um Befragungen aus
den Jahren 1996/1997 und 2007.

Zunächst zum Fernsehen: Noch 1996/97 kamen 80 Prozent der Topt-
hemen aus dem Fernsehen. 2007 waren es nur noch 51 Prozent. Aus
der Zeitung kamen 58 Prozent später waren es nur noch 10 Prozent.
Alle Werte zusammen ergaben mehr als 100 Prozent, weil Mehrfach-
angaben möglich waren. Die Daten zeigen: Das Fernsehen und die
Zeitungen haben deutlich an Einfluss auf die Gesprächsthemen verloren. Der Hörfunk hat sich dagegen weitgehend stabil gehalten, was
mit der Änderung der Nutzung des Hörfunks als Ganztagsmedium zu-
sammenhängt. Die Bedeutung des Internets hat erwartungsgemäß
deutlich zugenommen - von 0 auf 19 Prozent. Weil die Daten schon
mehrere Jahre alt sind, kann man vermuten, dass die Bedeutung des
Internets als Quelle für Gesprächsthemen heute größer ist. Damit kann
man zur Rolle der Medien in Gesprächen zwei Befunde festhalten.
Erstens: Die Wirkung der Medien geht vermutlich erheblich über den
Kreis der direkten Mediennutzer hinaus. Zweitens, der Einfluss der
meisten traditionellen Medien auf die Art der Gespräche und auf die
Gesprächsteilnehmer hat abgenommen und sich teilweise auf das Internet verlagert. Dabei dürften allerdings die Ableger traditioneller
Medien, z.B. *Spiegel online*, eine große Rolle spielen, was hier nicht
differenziert erfasst wurde (Tabelle 6).

---

33   Vgl. VOLKER GEHRAU / LUTZ GÖRTZ (2010): Gespräche über Medien unter
     veränderten medialen Bedingungen. In: Publizistik 55, S. 153-172

Tabelle 6: *Medien-Quellen der wichtigsten Gesprächsthemen 1996/7 und 2007*

	1996/97		2007	
	Topthemen	Übrige Themen	Topthemen	Übrige Themen
	n = 226	n = 247	n = 73	n = 313
	%	%	%	%
Fernsehen	80	53	51	51
Hörfunk	28	28	32	13
Zeitung	58	43	10	31
Zeitschrift	5	9	1	3
Internet	0	0	19	15

Quelle: GEHRAU & GOERTZ, 2010, S. 169

Zusammenfassung und Folgerungen

Zusammenfassend kann man feststellen: Das Fernsehen ist nach wie vor die bei weitem wichtigste Quelle der Bevölkerung zur Information und Meinungsbildung über das aktuelle Geschehen. Bei aller Kritik am Fernsehen ermöglichen die Sender durch ihre Nachrichten und Magazine eine in Grenzen rational begründete Meinungsbildung. Allerdings deutet die Beschleunigung der Nachrichtenpräsentation u. a. durch die Verkürzung von Stellungnahmen darauf hin, dass die Argumentationsqualität der Fernsehnachrichten der öffentlich-rechtlichen Sender in den vergangenen Jahren deutlich zurückgegangen ist. Dies ist vermutlich auf den Wettbewerb mit den Privatsendern zurückzuführen, wirft aber gerade deshalb die Frage nach der Erfüllung des besonderen Auftrags der öffentlich-rechtlichen Sender auf.

Die Nachrichten und Magazine der öffentlich-rechtlichen und der privaten Sender, die hier zur Vereinfachung der Darstellung zusammen betrachtet werden, wiesen im vorliegenden Fall eine klare Tendenz auf, die sie von anderen Medien unterschied. Ob man die darin zum Ausdruck kommenden Meinungen billigt, ist nicht nur eine Frage der politischen Grundhaltung. Sie wirft auch weitergehende Fragen nach der Chancengleichheit der gesellschaftlichen Akteure z. B. aus der Wirtschaft sowie ihren Vertretern in der Politik auf. Ein Beispiel hierfür sind die Tendenzen der Darstellung von Staatsinterventionen in Medien mit mehr oder weniger Reichweite. Das ist auch deshalb bedeutsam, weil die Wirkung der Medien - und hier wieder vor allem des Fernsehens - nicht bei den Menschen aufhört, die vor den Apparaten sitzen, sondern sich auch auf jene erstreckt, die das berichtete Geschehen möglicherweise nur aus Alltagsgespräch mit Menschen kennen, deren Informationen und Meinungen aus den Medien stammen. Damit erweist sich die aktuelle Berichterstattung des Fernsehens – trotz der wachsenden Bedeutung des Internets als Quelle von aktuellen Informationen vor allem bei den Jungen und Hochgebildeten - nach wie vor als eine zentrale Schaltstelle der Meinungsbildung der Bevölkerung. Ob und wie das zu den optimistischen Annahmen der Anhänger der Theorie der deliberativen Demokratie passt, ist eine Frage, die den Rahmen dieses Beitrags, der allenfalls etwas skeptische Distanz vermitteln sollte, bei weitem übersteigt.

Steuert Öffentlichkeitsarbeit die Medien?

Prof. Dr. Klaus Kocks
CATO Sozietät für Kommunikationsberatung, Horbach

Lassen Sie mich mit einem Eingeständnis beginnen. Ich tue mich nach den vorausgegangenen Erhellungen unseres Gegenstandes, der sagenumwobenen Vierten Gewalt, mit meinem Thema schwer; ehrlich gesagt, es überfordert mich aus einer ganzen Reihe von Gründen.

Es ist in den Diskussionen gesagt worden, „Wahrheit und Wahrhaftigkeit", das sei der Verfassungsauftrag der Medien. Dazu eine kurze Replik auf die normativen Vorgaben juristischer Art für Medien. Die „kämpferische Verfassung" (DÖRR) setzt ganz bewusst auf die extensive Vorstellung der Menschenwürde und weitestgehende Freiheitlichkeit. Sie setzt aber intersubjektiv nicht auf „Wahrheit und Wahrhaftigkeit". Das wäre als Verfassungsnorm ein fundamentalistisches Prinzip, dass konkludent staatliche Setzung von Wahrheit und Unwahrheit, Benennung von Wahrhaftigen und Kriminalisierung von Unwahrhaftigen voraussetzen würde. Dies ist aber ein freies Land mit dem Recht der Bürger auf Irrtum und auf, ich sage das böse Wort, Lüge, das es selbst im Strafrecht gibt. Die Grenze der Fabulierkunst freier Menschen liegt im Persönlichkeitsrecht anderer Bürger, nicht bei staatlich festgestellten Wahrheiten. Aber das ist ein Thema der Rechtskultur.

Ich sollte über PR reden. Beginnen wir also mit dem notorisch geringen Wahrheitswert von Selbstauskünften Gewerbetreibender über ihr jeweiliges Gewerbe. Man darf nie die Frösche fragen, wenn man einen Sumpf trockenlegen will. Deshalb sind Journalisten so schlechte Zeugen für den Zustand der Presse. Aber Sie fragen jetzt ja auch nicht die Frösche, sondern den Sumpf, was er von den Fröschen hält. Das ist eine ungewöhnliche, aber vielleicht doch aufschlussreiche Umkehr der Fragestellung.

Wer steuert wen? Eine komplexe Frage. Ich habe mal von einem Ornithologen gelernt, dass im tropischen Regenwald die orange-roten Blüten der Strelitzien die Kolibris steuern, nicht umgekehrt. Die Pflanze steuert das Tier; wenn sie befruchtet werden will, ändert sie die Farbe, um das Tier zur Befruchtung anzufordern. Der Kolibri kommt dann, hält sich mit seinem hubschrauberartigen Schwirrflügeln auf der Stelle und taucht den überlangen Schnabel ein, befruchtet und wird mit genau jener Menge Nektar belohnt, die er bereits für den Anflug verbraucht hat. Der Ornithologe glaubt, dass die Blumen sich den Schwirrflügler geschaffen haben und zwar mit einem besonderen langen Schnabel, damit er sie befruchten kann. Wer also steuert hier wen? Ein interdependentes System, in dem sich zwei Funktionen gegenseitig ermöglichen. Wer von beiden hat eine öffentliche Mission, die Blumen oder die Vögel? Die Vögel haben jedenfalls die größere Mühe. Aber das alles verwirrt, ich gebe es zu. Aber fragen Sie nie einen Kybernetiker, wer wen steuert.

Zurück zur Themenstellung. Gibt es eine Übermacht der PR? Und wenn ja, führt PR Böses im Schilde? Was kann die PR zur Beantwortung beitragen? Gäbe es diese Übermacht, würde PR sie leugnen. Führte PR Böses im Schilde, glauben Sie im Ernst, dass ausgerechnet PR dieses eingestehen würde? Also würde der Sumpf, in dem die Frösche gedeihen, immer so tun, als seien die Frösche die Krone der Schöpfung und die Strelitzien im Regenwald tun so, als gäben die Kolibris den Ton an.

Public Relations, das meint Kommunikationsmanagement im Wege persuasiver Kommunikation auf der Basis eines ökonomisch bewehrten Interesses. Das ist keine Disziplin der Selbstkritik. Und es ist kein

Gewerbe übermäßiger Transparenz. Hier stellt man sein Licht vorsätzlich unter den Scheffel. Da gilt das ROOSEVELT-Motto: „Speak softly, but carry a big stick!" Eigentlich bin ich mit einer Selbstbestimmung der PR überfordert.

Zweite Überforderung, nun zu der publizistischen Welt, die uns umgibt. Von welchen Medien reden wir? Ist dies die geordnete Welt, wie sie einst die Seite 1 der FAZ spiegelte? Mit Trennung von Meldung und Meinung, von Bericht oder Nachricht und Kommentar und mit der Trennung von Redaktion und Werbung? Hat nicht spätestens das Feature und dann das Internet all diese Sortierkästchen weggefegt? Journalismus ist, schmerzlich aber wahr, für alle jüngeren Generationen keine Profession mehr. Der Wert von Wikipedia liegt darin, so lernen wir, dass hier keine Experten schreiben; Expertise von Nicht-Experten, das ist neuerdings Leitkultur.

Schließlich zum Unterschied von Journalismus und PR. Was auf unseren Baustellen der polnische Billiglöhner beim Fliesenlegen, ist der Journalist im PR-Geschäft. Aber das ist nicht nur individuelles Vergehen, sondern mittlerweile Geschäftspraxis. Kaum ein Verlag, kaum eine Redaktion, die heute nicht auch PR anbietet und hinter den Kulissen Corporate Publishing und Redaktion in vielfältiger Weise verschränkt.

Hört man dazu die Gralshüter der Vierten Gewalt, fühlt man sich wie aus der Zeit gefallen. Sie reden, als stehe der Sündenfall noch bevor und man könne Adam noch raten, nicht in Evas Apfel zu beißen. Da draußen im Lande, wie man im Parlament sagt, ist aber nicht der Garten Eden, sondern Sodom und Gomorrha.

Aber ich merke, meine Rede läuft ins Polemische, an dem hier gar kein Bedarf besteht. Die Rhetorik lehrt ohnehin, dass eine gute Rede mit einer „captatio benevolentiae" beginnen sollte, mit einer Einnahme des Wohlwollens der Zuhörer. Ich hätte Ihnen also schmeicheln sollen. Dem habe ich mich zwar ein Leben lang widersetzt, aber ich sollte das heute ändern! Versuchen wir es. Ich beginne jetzt mit dem, was Sie als Auditorium hören wollen.

Die Presse, so man ihr eine öffentliche Aufgabe zubilligt, was wohl eine allgemein politische Rolle, vulgo Vierte Gewalt, meint, wird zunehmend von PR abhängig, kann aber nicht ohne Weiteres von einer einzelnen PR gesteuert werden. Steuert PR die Presse: ja und nein! Wir haben es mit einem relativ autonomen, aber multikausal bestimmten System zu tun, dessen Überdetermination durch PR zunimmt.

Der Einfluss der Public Relations überhaupt auf die freie Presse, wenn man darunter unabhängige Redaktionen versteht, steigt. Er hat sogar ein Ausmaß angenommen, das es angebracht erscheinen lässt, von der Gefahr eines Systembruchs zu reden. Dazu gibt es empirische Hinweise aufgrund unterschiedlicher Methode und folglich in unterschiedlicher Qualität. Man kann die Anzahl von Pressemitteilungen mit der Anzahl der erschienenen Artikel zu einem Anlass oder Thema vergleichen. Oder die Angehörigen der beiden Berufsstände „Pressesprecher" versus „Journalisten" einem headcount unterziehen. Oder die Selbstbefindlichkeit von Journalisten mittels Fragebögen zum normativen Kanon stilisieren. Oder Verstöße gegen die Ehrenkodizes in Presse- oder Werbe- oder PR-Wächterräten zählen. Das ist aber alles, obwohl akademische Praxis, recht vordergründig.

Das ökonomisch wirklich basale Moment ist die von Verlegern betriebene industrielle Rationalisierung von Redaktionen und die vorsätzliche Externalisierung von Redaktionskosten auf sogenannte Contentprovider, von denen man wissen kann, dass sie das Gratisangebot verdeckt durch eine dritte Quelle finanzieren, also einem dritten Interesse folgen. Redaktion kostet, PR gibt es gratis, das ist ein Verleger-Gospel. Die Pressefreiheit hat einen klaren Feind, die Verleger. Und der Presserat ist, wenn ich das überspitzt sagen darf, die PR-Agentur der Verleger zur Nebelung des systematischen Tatbestands durch akzidentielle Kritik.

Geläufig ist die Diskreditierung von Reise- und Motorjournalismus als PR-gesteuert, aber dies ist zugleich eine wohlfeile Heuchelei und eine arrogante dazu, insbesondere der Herren in der Wirtschaft und im Feuilleton und allemal der Großkopferten in der Politik. Motorjournalisten haben in aller Regel das Auto, über das sie urteilen, auch tatsächlich selbst gefahren. Zugegeben, unter angenehmen Rahmenbedingungen, aber eben doch unter tatsächlichem Augenschein. Niemand kann behaupten, dass dies auch für die Wirtschafts- und Finanzpresse oder gar die Politik gelte. Hier reden allzu oft halb-qualifizierte Laien von Produkten, die sie nicht wirklich verstehen. Die Beispiele aus der letzten Finanzkrise sind Legion. Motorjournalisten haben wenigstens einen Führerschein. Aber die mangelnden Fahrkünste der Teilnehmer an den Börsenrallyes sind eher ein peripheres Problem. Es kommt schlimmer.

Eines der Kernprobleme der Wirtschaftsberichterstattung liegt darin, dass alle Nachrichtenagenturen in den Händen derer sind, die die Geschäfte betreiben. Es herrscht Stamokap allenthalben. BLOOMBERG scheint mir für diesen Tatbestand paradigmatisch: erst Broker, dann Nachrichtenagentur, dann Bürgermeister. Geschäft, Medien und politische Macht in einer Hand. Ich könnte das BLOOMBERG-Paradigma an BERLUSCONI extemporieren. Die Betroffenen bieten uns Bunga-Bunga, damit wir die wirklichen Fragen nicht stellen.

Mein Einwand ist aber fundamentaler als die PR-Färbung dieses oder jenes Tenors. Das ist Kosmetik. Mein Einwand bezieht sich auf die systematische Integration der Funktionen „Geschäft", „Politik" und „Presse" im Mediensystem. Ich wähle eine Metapher aus der Welt der Sportwetten, weil Börse im Kern nichts anderes als Wetten ist. Wie geht das überhaupt, dass die Mitspieler eines Spiels zugleich auf

den Ausgang des Spiels wetten dürfen? Wetten sie, wie sie spielen
werden? Oder spielen sie, wie sie gewettet haben? Diese Frage ist von
fundamentaler Bedeutung für die Kapitalmärkte, die über Wohl und
Wehe ganzer Nationen entscheiden.

Bleiben wir kurz: Die Presse wird in einem integrierten System zu
einer Funktion der Geschäfte und der Politik. Nicht immer einer einzelnen Parteipolitik. Nicht immer eines einzelnen Geschäfts. Aber
immer öfter Funktion. Wenn also PR früher mal in einem Anbietermarkt agierte, so agiert PR heute zunehmend in einem Nachfragemarkt. Das ist die ökonomisch und publizistisch fundamentale Änderung. Hier hat der polemische Satz seinen Ort, dass man als PR-
Manager gar nicht so viel lügen könne, wie die journalistische Nach-
frage es verlange.

Das ist Ihnen vielleicht zu polemisch, um analytisch belastbar zu
sein. Also formuliere ich es vorsichtiger: Schon immer hat der arbeits-
scheue, aber meinungsstarke Journalismus als sein Naturrecht begrif-
fen, dass Stakeholder ihre Interessen in aufbereiteter Form zur Veröffentlichung anbieten müssen. Man reklamiert die Informationspflicht
von Behörden, überträgt sie auf Unternehmen und weitet den An-
spruch auf Informationen zur Sache auf ein Recht zu O-Tönen und
TV-Interviews aus. Sonst heult die Journaille scheinheilig auf. Mit
dem wachsenden Einfluss von Kapitalmärkten stützt sich dieses Be-
gehren auch auf das Recht von Aktionären zu wissen, wie die Dinge
so laufen. Im Politischen ist dies die Partizipationskultur, die sich der
repräsentativen Demokratie auf die Schultern hockt. Folglich entsteht
der Beruf des vorjournalistischen Informationsaufbereiters, vulgo
Pressesprecher oder PR-Manager.

Ökonomische Sonderform, über die man nachdenken muss: Da diese Dienstleistung nicht vom Nachfrager bezahlt wird, sondern vom
Anbieter, ist konkludent, dass ihr eigentlicher wirtschaftlicher Wert in

einem mehr oder weniger verborgenen Zusatznutzen für den Anbieter bestehen muss. Deshalb ist die polemische Metapher zutreffend, dass PR der Parasit einer freien Presse ist; Gesundheit des Wirtstieres willkommen. Die Rechnung bezahlt der Leser, die Gesellschaft, das Gemeinwesen.

Relevant für den Zustand des Gesamtsystems ist nun die Frage, ob es sich bei dem PR-Einfluss um eine Nebenfunktion oder gelegentliche Störfälle eines ansonsten intakten Systems handelt (Unterdetermination) oder ob die Funktionalisierung von Journalismus schon so weit gediehen ist, dass die Strukturen an der Oberfläche nicht mehr den Tiefenstrukturen entsprechen (Überdetermination). Sieht aus wie Presse, ist aber PR. Die Verlässlichkeit der Information besteht dann nur noch in Folge der Vielzahl der PR-Einflüsse, die sich idealiter die Waage halten. Oder in einem Chaos, das sich einer diktatorischen Vereinheitlichung verschließt. Damit wechselt „check+balances" in die PR, die zum eigentlichen Regulator geworden ist. Im publizistischen System wechselt die Reglerleistung von relativ autonomen Redaktionen auf eine Angebotsvielfalt von PR, in der viele eine große Chance haben, da die spezifischen Kosten dramatisch sinken; im Web sinken sie linear gegen Null. „Have your say": das ist der neue Imperativ an jedermann.

Ich argumentiere im Sinne einer Kybernetik der zweiten Ordnung, erspare Ihnen aber den Wissenschaftsjargon. Der Journalismus selbst diskutiert diesen Strukturwandel in der Metaphorik der Dekadenz, eines Sittenverfalls, gegen den man moralisch zu stehen habe, um den Titel eines larmoyanten Selbstvergewisserungsbuches aus journalistischer Feder zu zitieren. Da erscheint PR als Beelzebub, dem zu widerstehen ist. Ach je, da schaffen sich die Herren Redakteure kleine Teufelchen der Versuchung und brüsten sich mit Unabhängigkeit gegenüber diesen Phantasiegestalten. Not good enough.

Verteidigen müsste die professionellen Privilegien der Journalisten, zumindest akzeptable Arbeitsbedingungen, eine gewerkschaftliche Organisation der Journalisten. Der DJV ragt an seine Aufgaben nicht mal ansatzweise heran. Er selbst ist PR-durchtränkt und PR-geleitet. Ein schlechter Witz prätentiöser Apparatschiks. Der Niedergang der Publizisten ist auch daran zu erkennen, dass er in diesem Land nicht ernsthaft diskutiert wird. Stimmen von Gewicht hört man allenfalls im „Netzwerk Recherche", das sich in einer großen Geste gegen die journalistische Alltagswirklichkeit zusammengefunden hat.

Aber ich will nicht ausweichen. Gefragt war ich danach, ob PR eine freie Presse gefährde, in dem sie die Medien steuere. Dazu gebe ich vier Antworten:

1. PR ist eine gegenläufige kommunikative Rolle zu der des Journalisten. Verleger müssen ihre Redaktionen so stellen, dass sie PR nutzen können, aber nicht PR unterliegen, weil ihnen hinreichende Arbeitsbedingungen entzogen werden. Aus der Perspektive eines Journalisten ist eine einzelne interessengebundene Einflussnahme gut zu wissen, aber als einzelne prinzipiell problematisch, und das heißt: immer zu problematisieren. Jede Quelle ist suspekt. Das wissen gute Historiker. Man macht sich im Interesse der Meinungsbildung des Bürgers mit keiner Sache gemein, auch nicht einer guten.

2. PR ist ordnungspolitisch unproblematisch, solange Identität, Interesse, Ideologie und Intention prinzipiell erkennbar sind. Das ist meine Theorie der vier I. Da PR aber genau diese Transparenz systematisch, nicht nur akzidentiell, zu vermeiden versucht, ist PR auch akzidentiell problematisch. Jede Quelle ist suspekt. Das wissen, wie gesagt, gute Historiker. Man macht sich mit keiner PR gemein, auch nicht einer transparenten.

3. Ob die Waffengleichheit von Pressesprechern und Journalisten noch besteht oder das System kippt, ist eine so wichtige Frage, dass

man sie fallweise und konkret zu beantworten hat. Wir kennen Fälle, in denen Funktionalisierungen des Systems Tiefenstrukturen nachhaltig ändern, sodass die Anmutung eines Systems nicht mehr sein wirkliches Wirken erkennen lassen. Jeder Wahrheitsanspruch ist suspekt. Man macht sich mit keiner Wahrheit gemein. Aber das kennen Sie ja schon.

4. Die Branchenpolitiker der PR und jene Professoren, die sie dabei willfährig alimentieren, teilen meine Sicht der Dinge entschieden nicht. Man ist mit Bezug auf berufsethische Kodizes bemüht, PR zu einem Instrument der Wahrheitspflege und einem originären Ausdruck demokratischer Kultur zu stilisieren. Ein Wächterrat will Regelverstöße sanktionieren. Das aber ist keine Selbstregulierung. Es ist der Versuch, Kritiker in den eigenen Reihen mundtot zu machen. Ich selbst bemerke das Wirken des Wächterrates vor allem darin, dass die hier vorgetragenen Überlegungen einer Zensur unterzogen werden sollen. Weil man, das ist die eigentliche Agenda, PR für PR machen möchte. Weil man Glaubwürdigkeit für sich reklamiert. Die Fünfte Gewalt plustert sich gegenüber der Vierten. Wenn das angemessen wäre, was dort normativ über PR gesagt wird, dann könnte man die Redaktion getrost gleich ganz nach Hause schicken. Dann fragen wir künftig Doktor Marlboro, ob Rauchen gesund ist. Und ANGELA MERKEL, ob die Regierung was taugt. Vielleicht sollte man die Zeitungen dann auch Prawda, zu deutsch: Wahrheit, nennen.

Soweit meine vier Thesen. Sie sehen, dass ich auch vor der eigenen Tür zu kehren suche.

Ich fordere also von meinem Berufsstand die Einhaltung der vier I: prinzipielle Erkennbarkeit von Identität, Interesse, Ideologie und Intention. Und ich sage den Journalisten: Sie müssen immer und überall davon ausgehen, dass genau damit gespielt wird. Nicht als Unfall oder Zufall, sondern systematisch.

Aber noch mal zum Kippen des Systems: In dieses Spiel dringen jetzt alle großen und kleinen Redaktionen ein, indem sie selbst PR als Dienstleistung anbieten. Und unverhohlen die redaktionelle Expertise als Consulting verkaufen und dabei verhohlen redaktionelle Abdeckung anbieten.

Wenn aber nun Einzelfälle um herausgehobene PR-Manager, die es gibt oder nicht, Schlagzeilen machen, die die Grenzen zwischen Information und Desinformation, zwischen Beratungsgewerbe und organisierter Kriminalität verwischen, so ist das kein Problem meiner Position. Ich habe ja alle Beteiligten hinreichend gewarnt. Es ist ein Problem jener Chefredakteure, die vor diesen „spin doctors" auf und ab wieseln. Diese Schattengestalten werden, so hört man, in den Chefredaktionen hofiert, weil – Sie kennen mein Argument – PR kein Anbietermarkt mehr ist, sondern ein Nachfragemarkt. Das Spindoctoring ist, ökonomisch präziser formuliert, in die Rolle des umworbenen Lieferanten gebracht worden, dessen Rohstoffe man für das herzustellende Produkt dringend braucht, weil eben dieses Produkt Ware ist, in einem wettbewerbsintensiven Nachahmungsmarkt. Desinformation versucht man, wenn es eben geht, zu verhindern, aber lieber eine faule Story mitgeschleppt, als sie den anderen Blättern gelassen. Vor dieser Tür müssen die Journalisten kehren.

Ich schulde Ihnen zum Schluss noch eine positive Bestimmung dessen, was Presse ist, nämlich eine Form öffentlicher Rede, an die besondere Anforderungen gestellt werden. Systematisch betrachtet sind Presse wie PR wie Werbung Formen der Rhetorik. Presse ist kein Institut der Wissenschaft, also nicht den Kriterien von Redlichkeit und Wahrhaftigkeit unterworfen. Presse ist Rhetorik. Unter Rhetorik verstehen wir seit der griechischen Antike Formen der öffentlichen Rede, die wirkungsbezogen sind. Dass dabei der Presse, so wie wir sie in den letzten Jahrhunderten normativ verstehen, eine besondere Funktion zukommt, dass sie also eine besondere Form der Rhetorik darstellt, will ich an ihren neuzeitlichen Entstehungsbedingungen, also historisch, erklären.

1696 gründet EDWARD LLOYD in seinem Londoner Kaffeehaus Lloyd's List die älteste, bis heute kontinuierlich erscheinende Zeitung. Und sie sollte „reliable, but terse" sein, „verlässlich, aber kurz" – das ist bis heute die Wesensbestimmung von Presse. In welchem Kontext also entstand der Wunsch nach Reduktion von Komplexität und referentieller Präzision? Gebrauchswahrheiten, das sind die Produkte der Journalisten. Im Kaffeehaus des Herrn LLOYD saßen „sailors, merchants and shipowners"; man handelte mit Versicherungen für die Frachten auf den Weltmeeren. Es wird Seemannsgarn ohne Ende gesponnen. Und es gab ein originäres Interesse daran zu wissen, ob ein überfälliges Schiff nur verspätet oder bereits gesunken war. Eine Glocke wurde zu diesem Zweck geschlagen. Es ging wirtschaftlich nicht um Kleinigkeiten. Und es waren keine Geschäfte der vornehmen englischen Art, also nur „tea parties". Die Engländer strebten die Vormachtstellung im Sklavenhandel an. Weit über drei Millionen Sklaven gingen durch die Bäuche der Schiffe ihrer Majestät und zwischen 1689 und 1807 wurden aus der Flotte der englischen Sklavenhändler gut 1000 Schiffe als verloren gemeldet. Große Geschäfte also, gute Profite. Auch damals, in seinen Kindertagen, war der Kapitalismus das, was er heute ist, eine krisengeschüttelte Veranstaltung zwischen Staat, Banken und Börsen. Ich komme zur South Sea Bubble, entstanden aus einer wilden Spekulation um ein einziges Unternehmen, die schließlich den gesamten Aktienmarkt des frühen 18. Jahrhunderts ergreift. Die folgenden Ausführungen fußen auf einen Artikel der FAZ vom 2.7.2008: „Ihren Anfang nahm die Südseeblase im Jahr 1711. Mehrere britische Banker gründeten in diesem Jahr die South Sea Company. Der eigentliche Geschäftszweck war jedoch weniger der

Handel mit der „Südsee" und später mit Sklaven, als vielmehr die Übernahme eines Teils der britischen Staatsschulden in Höhe von zunächst 10 Millionen Pfund. Im Gegenzug erhielt die Gesellschaft eine Verzinsung von 6 Prozent und das Monopol für Handelsgeschäfte mit den spanischen Kolonien in Lateinamerika. Vor allem aber wurde der South Sea Company die Erlaubnis zu teil, zur Finanzierung der Schuldenübernahme eigene Aktien auszugeben. (...) Tatsächlich fand durch die South Sea Company bis zum Jahr 1717 gar kein Handel mit den südamerikanischen Kolonien statt. Auch später sollen die Geschäfte wirtschaftlich kaum der Rede wert gewesen sein. Was allerdings mit der Zeit in der Tat florierte, war der Handel mit Sklaven. Sie wurden von Westafrika nach Amerika verschifft und dort verkauft. (...) Der eigentliche Südsee-Boom begann erst im Jahr 1719, als die Gesellschaft zum zweiten Mal Staatsschulden in Höhe von 1,7 Millionen Pfund übernahm und dies abermals durch die Ausgabe neuer Aktien finanzierte. Im Jahr 1718 war es wieder zum Krieg mit Spanien gekommen, die Schulden Großbritanniens wuchsen. Anfang des Jahres 1720 machte schließlich die South Sea Company dem britischen Staat das Angebot, einen Großteil der Verbindlichkeiten zu übernehmen, wenn sie im Gegenzug dazu Kapital unbegrenzt und zu jedem Kurs erhöhen könne. Ein entsprechendes Gesetz trat kurz darauf in Kraft. Der Gesellschaft wurde es erlaubt, Aktien im Nominalwert von insgesamt 31,5 Millionen Pfund zu begeben. Die Rechnung war einfach: Je höher der Ausgabekurs, desto weniger Aktien reichten für die Übernahme der Schulden und desto höher war der Ertrag. (...) Die Südsee-Maschinerie begann zu laufen. Der Aktienkurs der South Sea Company hatte sich bislang kaum bewegt. Anfang 1720 stand er bei 128 Pfund – bei einem Nominalwert von je 100 Pfund je Aktie. Im Laufe dieses Jahres erfolgte nun wiederholt die Ausgabe neuer Aktien zu immer höheren Kursen. Zeitgleich fachten gezielte Äußerungen des

Direktoriums der South Sea Company über hochprofitable Geschäfte und versprochene Dividendenzahlungen in enormer Höhe das Interesse der Investoren und die Kurse immer weiter an. Die verheißungsvollen Gewinnchancen trafen schließlich auch unter immer mehr Privatanlegern auf fruchtbaren Boden. Das Geld der Interessenten reichte längst nicht mehr. Ratenzahlungen bei der Kapitalerhöhung würden üblich und Kredite aufgenommen, um die Aktien der Gesellschaft überhaupt kaufen zu können. Gleichzeitig startete an der Londoner Börse das Optionsgeschäft mit den Aktien. Die Begeisterung der Investoren gipfelte schließlich in einer regelrechten Südseemanie. Alles, was auch nur im Entferntesten mit diesem Thema zu tun hatte, war gefragt. Der Kurs der Aktie schoss in dieser Euphorie empor und kletterte im August 1720 in der Spitze auf mehr als 1000 Pfund. Längst konzentrierte sich das fieberhafte Interesse der Anleger nicht nur auf die Aktien der South Sea Company. Mehr und mehr Unternehmen wurden zu Trittbrettfahrern und drängten an die Börse. Ähnlich wie später zu Zeiten des Neuen Marktes fanden inmitten des Booms selbst windigste Geschäftsideen bei potentiellen Geldgebern reißenden Absatz. Aktienkäufe auf Kredit waren üblich. Die Aktienkurse schossen binnen weniger Monate empor. Nach dem rasanten Höhenflug kam das böse Erwachen: Die Südseeblase platzte im Jahr 1720, die Kurse stürzten ab. Zahllose Anleger – vom Bauern bis zum Adligen – waren der Versuchung erlegen und verloren ihr Hab und Gut. Auch für die britische Wirtschaft blieb sie nicht ohne Folgen. In der nachfolgenden Baisse schwappte eine Welle von Bankrotten über das gesamte Land. Die Folge war eine allgemeine Rezession. Handel und Produktion gingen zurück, nachdem mehrere Investoren hohe Summen (einige 10.000 £) verloren hatten. Die leitenden Mitarbeiter der South Sea Company wurden von der britischen Regierung verantwortlich gemacht und juristisch verfolgt. Einige landeten im Gefängnis, andere begingen Selbstmord oder flohen ins Ausland. Die South Sea Company wurde nicht aufgelöst und handelte in Friedenszeiten weiter, bis sie in den Reformen der 1850er aufgelöst wurde. Die Kosten wurden von der East India Company und der Bank von England getragen. Der Administrator dieser Lösung war der Schatzkanzler ROBERT WALPOLE, der dadurch seine große Macht in Großbritannien begründete. Den passenden Kommentar zum Börsencrash lieferte der Physiker ISAAC NEWTON, der selbst 20.000 Pfund verlor: *„Ich kann die Bewegung eines Körpers messen, aber nicht die menschliche Dummheit. "*

Es gab also hinter all dem Seemannsgarn Geschäfte und Gerüchte. Und es gab große literarische Talente bei Herrn LLOYD. So trat ein Journalist namens DANIEL DEFOE 1719 mit einem Tatsachenbericht hervor, der den Titel trug:

> *„The Life and Strange Surprising Adventures of Robinson Crusoe of York, Mariner: who lived Eight and Twenty Years, all alone in an uninhabited Island on the coast of America, near the Mouth of the Great River of Oroonoque; Having been cast on Shore by Shipwreck, wherein all the Men perished but himself. With An Account how he was at last as strangely deliver'd by Pirates. Written by Himself.“*

Nein, erdichtet von einem Journalisten, der zum Schriftsteller wurde. Alles erdichtet, sprich gelogen. Wehe, wer da sein Geld reinsteckte.

In dieser Welt wollte man neben den Gerüchten und den Geschichten „reliable shipping news", weil alles andere zum Ruin führen konnte. Mit dem Auftrag „korrekt, aber kurz und knackig" („reliable, but terse") wird die Presse geboren. Eine Sonderform, die der Gemeinschaft der Geschäftstreibenden hilft, nicht auf jede Grille oder jedes Gerücht hereinzufallen. Die Presse steigt als Phönix des gemeinsamen Interesses aus der Asche verbrannter Spekulationen. Sie soll das Dritte sein, zwischen Geschäftemachern und Geschichtenerzählern. Sie kann diese Aufgabe erfüllen, solange alle ihre Aufgabe gemeinschaftlich wollen. Und bereit sind, für diese Dienstleistung angemessen zu zahlen.

Die Citoyen müssen sich in der Presse über die Bourgeois erheben dürfen, auch wenn wir hier über ein und dieselbe Gruppe reden. Und insofern ist Presse eben nicht Vierte Gewalt, eine Funktion des Gemeinwohls (volonté générale), sondern nur eine Funktion des gemeinsamen Interesses (volonté de tous), gegen das zu verstoßen das Wesen guter Geschäfte sein kann. Citoyen und Bourgeois sind Gegner, nicht Partner. PR und Presse als Intereffikation vereinheitlichen zu wollen, ist ein Manöver der Gegenaufklärung.

Demokratie ist kein Ponyhof.

Was propagiere ich?

Bei KANT gibt es die Unterscheidung vom öffentlichen und privaten Gebrauch der Vernunft. Mit privat ist bei KANT der Privatwirtschaftliche gemeint. Der Journalist verkaufe seinen Artikel oder sein Blatt, der Pressesprecher sein Anliegen. Oberhalb dessen liegt aber der öffentliche Diskurs darüber, was wir als aufgeklärte Menschen für vernünftig halten. Was uns als Maxime einer allgemeinen Gesetzgebung recht und gut erscheint. Was das moralische Prinzip in uns von uns verlangt. Diesem öffentlichen Gebrauch der Vernunft diente auch diese Tagung, an der mitzuwirken, Sie mir Gelegenheit gegeben haben. Dafür danke ich.

Streitgespräch: Was leistet der Deutsche Presserat?

Lutz Tillmanns, Geschäftsführer Deutscher Presserat e.V.
Univ.-Prof. Dr. Volker Wolff, Johannes Gutenberg-Universität Mainz

Moderation: Univ.-Prof. Dr. Stephan Ruß-Mohl, Università della Svizzera italiana, Lugano

Ruß-Mohl: Meine Damen und Herren, wir kommen zum krönenden Abschluss. Wie ist es nun um die fünfte Gewalt bestellt, die die vierte Gewalt kontrollieren soll? Funktioniert die Selbstkontrolle der Medien oder ist der Deutsche Presserat wahlweise eine PR-Agentur der Verleger, wie es Herr KOCKS gerade so schön gesagt hat? Oder macht er nur PR für die Medien und den Journalismus, statt wirklich eine Art Schiedsrichterfunktion auszuüben? Ich denke, die Frage „Was leistet der deutsche Presserat?" schließt das, was wir heute diskutiert haben, in sehr sinnvoller Weise ab.

Ich darf nun Herrn TILLMANNS und Herrn Professor WOLFF aufs Podium bitten. Und darf beide, bevor wir anfangen zu diskutieren, noch kurz vorstellen.

Herr TILLMANNS ist der Geschäftsführer des Deutschen Presserats. Er studierte Jura, neuere Geschichte und Musikwissenschaft, war wissenschaftlich beim WDR in Köln tätig und gleichzeitig Assistent an der Universität Bonn. Von 1987 bis 1991 arbeitete er als Jurist in der Rechtsabteilung der Deutschen Welle und wurde mit seinem Wechsel zum Deutschen Presserat 1992 als Rechtsanwalt zugelassen. Seit 2002 ist er Lehrbeauftragter für Presserecht und Presseethik an der Universität Mainz.

Herr Professor WOLFF, der Spiritus Rektor der heutigen Veranstaltung, studierte Betriebswirtschaftslehre an der Universität zu Köln, wo er wissenschaftlicher Assistent am Seminar für Versicherungslehre war und 1978 promovierte. Herrn Professor WOLFFS weitere Vita ist sehr spannend, da sie sich als ein Hin und Her zwischen der Versicherungsbranche und dem Journalismus fortsetzt. Zunächst war er Assistent des Vorstandsvorsitzenden der Colonia Versicherung, daraufhin Redakteur und stellvertretender Ressortleiter beim Handelsblatt. Sodann ist er zurück in die Colonia Versicherung. Im Anschluss war Herr Professor WOLFF Ressortleiter ‚Banken und Versicherung' bei Capital und zuletzt, in seiner journalistischen Karriere, bis 1995, Chefredakteur der Wirtschaftswoche in Düsseldorf. Seit 1995 ist er Professor für Journalistik an der Johannes Gutenberg-Universität Mainz und leitet dort den Masterstudiengang Journalismus. Seit 2003 ist er außerdem Mitglied des Kuratoriums der Demokratie-Stiftung, welche die heutige Tagung veranstaltet.

Ich darf Sie nun beide willkommen heißen und mich als Moderator unter Sie mischen und Ihnen ein paar Fragen kredenzen.

Fangen wir damit an: Ist der Presserat der Hüter der Öffentlichen Aufgabe des Journalismus, von der heute die Rede war? Herr TILLMANNS, wollen Sie anfangen und dann spielen wir den Ball weiter?

Tillmanns: Ja, das machen wir gerne. Herr KOCKS, so unterhaltsam, wie Sie das machen, kann ich das natürlich nicht und ich muss es auch ein Stück runterbrechen. „Der Presserat als PR-Agentur der Verleger" – das ist knackig formuliert, aber falsch.

Der Presserat ist vor über 50 Jahren von den Sozialpartnern in diesem Bereich, die sich immer genau gegenüber sitzen, gegründet worden. Zwar pflegen sie ein gemeinsames Anliegen, aber die Journalisten sind sicherlich keine PR-Dienstleister für die Verleger. Ihre These geht daneben.

Der Presserat kümmert sich seit seiner Gründung um die Selbstregulierung und setzt sich für einen guten Journalismus ein. Das hat er über lange Jahre natürlich auch so praktiziert, dass der Staat zurückgehalten worden ist. Inzwischen ist das eventuell ein Stück weit weniger wichtig, weil sich die Gesellschaft, das Gemeinwesen sensibler mit Fragen der Pressefreiheit insgesamt beschäftigt. Der Presserat ist stärker ein Gremium, das sich mit Inhalt und Qualität auseinandersetzt.

Aber, und das ist auch meine These: Ich stelle fest, dass die Branche und die Gesellschaft den Presserat als ein selbstregulatives Gremium viel zu wenig nutzen, um sich über einen guten Journalismus, über gute Qualität, auseinanderzusetzen.

Ruß-Mohl: Wie erfüllt denn nun der Presserat aus Ihrer Sicht seine Aufgabe, Herr WOLFF? Sie sind ja einer der schärferen Kritiker – das muss man vielleicht schon sagen. Sie gehören zu denjenigen, die mit ihren Studierenden in der Journalistenausbildung immer wieder auf den Presserat zugehen und es auch als Teil der Ausbildung begreifen, dieses Instrument zu nutzen.
Vielleicht plaudern Sie ein bisschen von Ihren Erfahrungen mit dem Presserat.

Wolff: Sehr gerne. Wenn ich jetzt aus den Briefen des Presserats an mich zitieren würde, die gleichlautend mit denen der Bildzeitung über mich sind, dann bin ich so eine Art grässliches „Nörgeli", welches das Interesse an den Themen, die Herr TILLMANNS gerade genannt hat, nur betreibt, um seine Vorlesungen anzureichern. Es gibt also ein Engagement, Herr TILLMANNS, aber es ist nicht so willkommen, wie Sie es eben zeichneten.

Aber ich darf vielleicht etwas systematischer an die Beantwortung der Frage gehen. Dies scheint geboten.

Jawohl, der Presserat spielt eine Rolle beim Bewerten der Erfüllung der Öffentlichen Aufgabe, aber diese Rolle ist eine doppelte. Er ist das Feigenblatt der Verleger. Insoweit ist meine Position nahe an der von Herrn KOCKS. Ich werde aber gleich versuchen, darzustellen, warum ich den Begriff „Feigenblatt" wähle. Aber der Presserat hat auch – und das ist die Doppelgesichtigkeit der Funktion – eine korrigierende Wirkung.

Der Presserat besteht aus Journalisten und Verlegern, die – so wie von Herrn TILLMANNS beschrieben – die Selbstkontrolle der Medien darstellen. Er besteht aber eben nur aus Journalisten und Verlegern. Es sind keine Rezipienten, keine Wissenschaftler, keine Dritten und keine Juristen vertreten, die sozusagen als Richter oder Ombudsleute agieren. Der Presserat besteht also nur aus Betroffenen.

Er besteht aus ernsthaften Leuten, die sehr viel arbeiten, die – nicht immer stimmig – Fälle aufgreifen und sich zu diesen Fällen äußern. Sie bemühen sich. Jeder einzelne bemüht sich. Auch Herr TILLMANNS ist in seiner Rolle sehr engagiert.

Der Presserat hat nur folgendes Problem: Er hat überhaupt keine Kapazität und keine Mittel, um seiner Rolle, dieser Funktion der Selbstkontrolle – wir haben niemanden anderen, der die Selbstkontrolle wahrnimmt – gerecht zu werden.

Ein Beispiel: Wir hätten uns doch alle gewünscht, dass in der Diskussion im KACHELMANN-Prozess – 14 Monate Dauerberieselung von links durch Frau SCHWARZER und von rechts durch SPIEGEL und ZEIT. Die einen „Kreuzigt ihn! Da ist der Täter, das Schwein.", die anderen „Er ist die lebende Unschuld, die Frau ist das Problem.". Also

14 Monate Dauerberieselung an Schuldvermutungen, schlecht getarnten Schuldvermutungen – ohne dass der Presserat aufgestanden wäre und gefragt hätte „Was passiert hier eigentlich? Wir haben laut Ziffer 13 des Pressekodex eine Unschuldsvermutung!". Dazu hätte sich der Presserat äußern können.

Herr BLUM kann das bestätigen: Der Schweizer Presserat hat die Möglichkeit, sich von sich aus in Fällen größerer Schwierigkeiten, hinzustellen, ein Thema zu thematisieren und Stellung zu nehmen.

Der deutsche Presserat hat diese Möglichkeit auch. Er kann von sich aus Themen aufgreifen. Aber er tut es nicht. Er hat es noch nie getan. Und ich frage mich ernsthaft, warum er es nicht tut.

Und jetzt muss ich eine Anekdote erzählen. Als meine Studenten, fleißig wie sie waren – Herr TILLMANNS hat mitgezählt – 119 Beschwerden in einem Jahr, im nächsten Jahr waren es nur 13, an den Presserat geschickt haben, bin ich in einer Veranstaltung hier in Bonn Herrn PROTZE, zu seiner Zeit Sprecher des Presserats, über den Weg gelaufen. Wir haben es nur mit Mühe verhindern können, mit einem Personenschaden aus diesem Gespräch zu kommen, weil er richtig aggressiv versucht hat, mir klar zu machen, wie viel Arbeit wir ihm machten, und dass es unerträglich sei, dass Menschen so viele Beschwerden schickten. Dabei waren die genannten Beschwerden wirklich nicht irrelevant. Die genaue Quote von Missbilligungen oder Rügen kenne ich nicht. Wir zählen so etwas nicht. Aber vielleicht macht die Anekdote klar, dass die Kapazität ein echtes Problem im Presserat ist.

Ich weiß nicht genau, wie groß sein Etat ist. Das wird Herr TILLMANNS uns sicher gleich sagen. Aber – das müssen Sie sich vor Augen halten – der Presserat ist nun mal die Selbstkontrolle der deutschen Verleger und er agiert vermutlich mit einem Budget von weniger als einer Million Euro. Er ist systematisch kurz gehalten.

Wir haben im Moment eine Medienkrise. Die Verleger machen derzeit eine Vielzahl an Geschäften, die vor dem Hintergrund der Ziffer 7 des Pressekodex, dem Verbot der Schleichwerbung, nicht zu ertragen sind. Herr KOCKS hat sie benannt. Es ist die Wahrheit, Sie brauchen nur die Blätter aufzuschlagen. Und die Journalisten machen Nebengeschäfte, weil ihre Arbeit nicht mehr auskömmlich ist. Hier müsste der Presserat in Erfüllung seiner Funktion einschreiten. Er müsste jetzt einfach sagen: Wir wollen den Pressekodex auch in der Krise ernst nehmen. Es sind ja dieselben Grundsätze, die auch Werbewirtschaft hat.

Aber er kann es nicht, weil er dazu nicht die Mittel hat. Weil er nicht genug Leute hat, dieses zu tun. Denn, wer finanziert ihn? Ihn finanziert, ich glaube zu einem knappen Viertel oder zu 20 Prozent, die Bundesregierung. Den Rest seines Budgets finanzieren die Träger, also die Journalistengewerkschaften und die Verlegerverbände. Und von diesem Rest zahlen die Verlegerverbände drei Viertel. Hier zeigt sich ein Konstruktionsfehler: In einer Situation, in der viel getan werden müsste, weil die Verleger aus Geldmangel zunehmend fragwürdige Geschäfte machen, werden sie natürlich nicht bereit sein, dem Presserat entsprechend mehr Mittel zu geben.

Noch einmal: Wenn der Träger der Selbstkontrolle mit einem Betrag von unter einer Millionen Euro – wir reden vielleicht über 800.000 € – als Gesamtbudget in Deutschland, dem größten Pressemarkt Europas, auskommen muss, dann ist die Selbstkontrolle nicht ernst gemeint.

So meine ich meine Aussage von der Feigenblattfunktion. Es ist von der Verlegerseite her – eine These von mir – kein ernstgemeintes Engagement, es ist ein Alibi. Die Einzelnen im Presserat verdienen dagegen den höchsten Respekt, sie bemühen sich sehr.

Tillmanns: Jetzt würde ich auch ganz gerne ein bisschen systematischer einsteigen. Herr WOLFF, zu Ihrem letzten Punkt: Ihrer These, die Selbstkontrolle sei nicht ernst gemeint, widerspreche ich ausdrücklich. Und dass wir überhaupt keine Kapazitäten und Mittel hätten, um der Funktion der Selbstkontrolle gerecht zu werden, erkenne ich auch nicht. Den Etat kann man in der Tat für zu gering halten. Es sind inzwischen ca. 700.000 €. Es waren im letzten Jahr 750.000 € und die Aufteilung, wie Sie sie vorgestellt haben, ist auch im wesentlichen zutreffend. Das ist sicherlich wenig, wenn man vergleicht, wie wichtig die Aufgabe ist. Aber – trotz notwendiger Sparbemühungen – kann er seine Funktion wahrnehmen.

Es sind nur Akteure, sprich Verleger und Journalisten, vertreten im Presserat, das ist zutreffend. Ich als Geschäftsführer denke, dass es in den nächsten Jahren sinnvoll und auch sicherlich notwendig ist, den Presserat zu öffnen. Es sind ja inzwischen auch andere Medien, die Onlinemedien, mit dabei. Die Frage nach sinnvoller Erweiterung ist eine Diskussion, die der Presserat vor einigen Jahren intensiver betrieben hat. Vielleicht ist sie etwas in die zweite Reihe geraten, weil andere Themen noch wichtiger sind. Unsere Institution ist in Europa im Moment tatsächlich eine der wenigen, ich glaube inzwischen der einzige Presserat, die keine dritte Gruppe, keine dritte Bank aufweist. Die Schweiz hat die Erweiterung erfolgreich vorgeführt, andere Gremien ebenfalls.

Aber: Der Presserat macht öffentliche Anhörungen. Er lädt natürlich Experten ein. Und einige seiner Mitglieder sind selbst Juristen. Sicher, es ist keine Justiz institutionell mit dabei. Das ist wahr. Das hat der Presserat in den siebziger Jahren in Person eines richterlichen Vorsitzenden mal ermöglicht. Doch eher zum Missfallen vieler, angesichts dessen, was dabei herausgekommen ist. Es waren eher verkappte Gerichtssprüche. Wir wollen aber an der Praxis, an den Akteuren, bleiben und deswegen spielt die Repräsentanz der Journalisten und Verleger eine große und wichtige Rolle.

Herr WOLFF, Sie hatten das Thema KACHELMANN angesprochen: Wir haben unmittelbar zum Spruch des Landgerichts Mannheim ein knappes Dutzend Interviews gegeben. Der Presserat hat in den 1 ¼ Jahren, in denen der Prozess lief, aber nur ganze fünf Beschwerden zu dem Thema bekommen. Das ist nicht sehr viel. Über das ganze letzte Jahr verzeichneten wir 1.660 Beschwerden. Offensichtlich ist das Thema in der Leserschaft nicht so kritisch hinterfragt worden.

Das Thema ist aber auch nicht nur ein Thema der Journalisten und der Medien. Ich erinnere daran, dass die Staatsanwaltschaft, die Polizei, insbesondere die Verteidiger von Herrn KACHELMANN und die Opferseite selbst sehr dezidiert an die Medien herangetreten sind. Ich denke, dass da eine Instrumentalisierung der Medien seitens der Justiz und der Prozessbeteiligten genauso eine Rolle gespielt hat wie vielleicht umgekehrt.

Ein weiteres Thema, das Sie, Herr WOLFF, angesprochen haben: Die Beschwerden beim Presserat, die sich mit der Frage der Trennung von redaktionellen und wirtschaftlichen/gewerblichen Inhalten befassen, also auch das Thema der Schleichwerbung, sind deutlich mehr geworden. Unter anderem dank Ihrer Initiative, doch auch unabhängig davon. Wir haben in mehreren Pressemeldungen dieses Problem vorgestellt. Ich stelle aber auch ein Manko fest: Die Journalisten und die Redaktionen, aber auch die Wissenschaft, thematisieren es wenig. Das liegt wohl daran, dass dieses Thema – es ist letztlich Kritik an der eigenen Branche – wenig sexy, wenig attraktiv wirkt. Es wird eher unter „Verschiedenes" vermeldet.

Wir haben – soweit zur Aktivität des Presserats – zu Ziffer 7 und zum Thema Trennungsgebot einen sehr umfänglichen Leitfaden veröffentlicht, den jeder in den Redaktionen im Internet abrufen kann.

Der Leitfaden richtet sich insbesondere an die Redakteure und wird systematisch aktualisiert.

Dabei will ich es zunächst belassen. Zu Ihrer „Massenbeschwerde", die Sie mal vor fünf Jahren eingereicht haben, Herr WOLFF, könnte ich noch viel sagen, aber vielleicht langweilt das aber auch das Publikum.

Wolff: Herr TILLMANNS, recht herzlichen Dank. Jetzt weiß ich endlich wie groß Ihr Etat ist. Ich stelle also fest, dass wir in einer Zeit, die offensichtlich von Krisen gekennzeichnet ist – Herr NEYSES nannte es heute morgen „Erosion des Ethos" – das Budget reduziert wurde. Sie sagten 750.000 € im letzten Jahr und jetzt 700.000 €?

Tillmanns: Ja, es ist vielleicht auch ein bisschen Spiegelbild der Auseinandersetzung in den anderen Bereichen. Danach dürfen Sie aber nicht nur den Geschäftsführer, da sollten Sie auch die verantwortlichen Träger fragen. Jedenfalls glauben wir, damit effektive Arbeit leisten zu können.

Wolff: Das ist ja meine These: Wenn die Zeiten schlecht sind und mehr getan werden müsste, weil das Ethos erodiert, sind plötzlich die Mittel nicht mehr da. Bei dieser These möchte ich nun etwas bleiben und Ihre Aufmerksamkeit auf das eine oder andere Phänomen beim Deutschen Presserat lenken.

Der Deutsche Presserat ist zuständig für Presse, also für alle Printmedien, und er ist zuständig für die Onlineauftritte dieser Printmedien. Zu den Printmedien gehören natürlich auch die Anzeigenblätter. Genau die Anzeigenblätter, die der lebende Beweis für die Effizienz der PR in Deutschland sind. Sie sind im Prinzip journalismusfrei. Journalismus im Sinne der Öffentlichen Aufgabe, aus Informationen Nachrichten zu machen, Distanz zu wahren, Missstände aufzugreifen, Kritik zu üben etc., ist bei Anzeigenblättern nicht der Fall.

Der Presserat – das kann Herr TILLMANNS vielleicht erläutern, ich kann es als Außenstehender nur beobachten – hat meines Wissens noch nie eine Rüge gegenüber einem Anzeigenblatt ausgesprochen.

Die Verleger der Tageszeitungen sind im Wesentlichen auch die Verleger der Anzeigenblättchen und auch da ist – da muss man Herrn KOCKS wieder ein bisschen Recht geben – viel Scheinheiligkeit im Spiel. Das ist dieselbe Scheinheiligkeit, die Herr KOCKS im Hinweis auf die PR-Aktivitäten der Verlage angemerkt hat. Sie gilt natürlich auch mit Blick auf die Anzeigenblätter. Das ist das Eine.

Das Zweite ist, dass es heute im Internet zum Beispiel mit Bild-Blog oder Klatschkritik professionelle Medienbeobachter gibt, die jeden Tag relevante Fälle für den Presserat aufspüren. Herr NIGGEMEIER hat eine Zeit lang aus seinem Blog „bildblog.de" Beschwerden beim Presserat eingereicht. Und diese wurden genau wie die Beschwerden meiner Studierenden im Presserat Gegenstand der kritischen Überprüfung ob sie missbräuchlich seien. Der Presserat hat nämlich seit einigen wenigen Jahren in seiner Beschwerdeordnung eine Passage, die in etwa lautet: „Offensichtlich missbräuchliche Beschwerden werden nicht behandelt." Ich glaube, die einzigen Fälle, die bisher davon betroffen waren, waren die Fälle von Herrn NIGGEMEIER und die Beschwerden aus dem Journalistischen Seminar der Johannes Gutenberg-Universität Mainz. Auch dies ist für mich ein klares Indiz, dass so viele Beschwerden nicht gern gesehen sind.

Das Dritte, was ich anmerken möchte – ich bin immer noch bei der Alibifunktion, beim Feigenblatt – ist natürlich die Durchsetzung der Erkenntnisse des Presserats selbst. Eine öffentliche Rüge ist eine öffentliche Rüge und diese gehört eigentlich – dazu verpflichten sich die Verlage – veröffentlicht.

Es gibt, so habe ich nachgelesen, von Herrn DIEKMANN – das war der, den Herr LILIENTHAL in seinem Chart gezeigt hat, also der Chefredakteur von „Bild" – die Aussage: „Ich veröffentliche nur Rügen, die ich für gerechtfertigt halte." Und deshalb wartet der Deutsche Presserat schon seit vielen Jahren mit Geduld auf die Veröffentlichung bestimmter Rügen.

Ich vermute, dass der Axel Springer Verlag der größte Beitragszahler des Presserats ist. Ich möchte nicht in Ihrer Haut stecken, Herr TILLMANNS, ständig mit dem Springerverlag zu reden.

Tillmanns: Danke, das muss ich ein bisschen sortieren, Herr Professor WOLFF. Zunächst, kein Verlag – das ist ja auch Folge der, wie ich immer noch finde, guten und intelligenten Einrichtung des Presserats – ist selbst Zahler im Presserat. Zahler sind die Bundesverbände der Verleger und der Journalisten. Diese, vier Stück an der Zahl, alimentieren den Presserat gemeinsam mit der Unterstützung aus dem Bundeshaushalt Also ist kein finaler Durchgriff einzelner Verlage möglich und ein solcher würde auch verhindert.

In der Tat ist die Bildzeitung der größte Kunde. Trotz sinkender Auflagen wird sie am häufigsten gekauft und ist mit ihren Beiträgen auch Thema in der Gesellschaft. Aber deutlich weniger, als das der eine oder andere vermutet, nämlich nicht einmal die Hälfte unserer Beschwerden, sondern vielleicht (einschließlich der Online-Beschwerden) knapp 20 Prozent entfallen auf das Blatt. Und auch die Bild- Zeitung, beziehungsweise KAI DIEKMANN, veröffentlicht alle Rügen, nur manchmal eigenwillig. Sie hat seinerzeit vier Rügen des Jahres 2005 nicht veröffentlicht. Da liefen diverse Diskussionen, Korrespondenzen und Gespräche. Anlass waren unterschiedliche Einschätzungen zum Verfahren. Aber diese Zeiten sind Gott sei Dank vorbei. Also auch Herr DIEKMANN druckt die Rügen.

Der Axel Springer Verlag – der größte Verlag in Deutschland – hat sich vor zwei Jahren mit Unterschrift des Vorstandsvorsitzenden DÖPFNER zur Selbstregulierung und zur Erweiterung der Aufgaben, was die Onlinezuständigkeit des Presserats angeht, bekannt. Alle anderen großen Verlagshäuser haben diese Selbstverpflichtungserklärung ebenfalls unterschrieben. Mit Ausnahme des Bauer-Verlags, da sind wir aber auch in Verhandlungen. So viel also zu den Fragen der Branchen-Selbstverpflichtung.

Dass die Rügenveröffentlichungen trotzdem nicht in jedem Fall optimal ausfallen, ist letztlich Conclusio und ein Ergebnis der freiwilligen Selbstkontrolle. Wir sind auf freiwilliger Basis organisiert und können niemanden zu etwas zwingen. Es hieße auch das System der Selbstregulierung ad absurdum geführt, wenn wir vor Gericht ziehen und eine Rügenveröffentlichung mithilfe eines Gerichtsvollziehers durchsetzen wollten.

Wenn das System nicht funktioniert – und das zu bemerken ist auch die Aufgabe kritischer Begleiter von außen –, dann muss man das klar und deutlich benennen und einen besseren Vorschlag machen.

Das System hat aber bislang gut funktioniert, wie ich finde. Auch wenn zwei durchaus widersprüchlich erscheinende Funktionen und Aufgaben übernommen werden.

Natürlich verteidigen wir die Pressefreiheit, weil wir wissen, dass der Journalismus Privilegien genießen sollte. Nicht um seiner selbst Willen, sondern weil er eine abgeleitete Funktion hat. Und wenn diese Privilegien unverantwortlich genutzt werden, muss man nach der Verantwortung in den eigenen Reihen suchen. Das ist die Aufgabe der Selbstregulierung. Es ist – last but not least – immer besser, die Akteure betreiben selbst ihre Kontrolle, als dass es der Staat oder die Wirtschaft alleine übernehmen.

Ich habe noch einige Informationen zu den Anzeigenblättern nachzuliefern. In den siebziger Jahren haben die Träger des Presserats festgestellt, dass es sich bei den Objekten der Anzeigenblattverlage, die von außen in die Branche drängten – in der Regel waren das Druckereibesitzer, inzwischen ist das nicht mehr so –, ausschließlich um über Werbeinhalte finanzierte Blätter handelt und dass der journalistisch-redaktionelle Inhalt fast gleich Null ist. Das hat sich allerdings inzwischen stark geändert, da auf lokaler Ebene eine Konkurrenzsituation mit den Zeitungen besteht. Aus dieser Zeit stammt aber eine Zurückhaltung des Presserats. Wir sind eben nur für die journalistischen Inhalte zuständig. Das ist auch jetzt noch so, mit einer kleinen Nuance: Wir behandeln Anzeigenblattbeschwerden, wenn es um Datenschutz geht. In diesem Bereich haben sich die Anzeigenblattverleger bzw. deren Verband der Selbstregulierung beim Presserat angeschlossen. In allen anderen Fällen, in denen es um sonstige „Kodexregelverstöße" geht, übernehmen wir nur eine summarische Prüfung in der Geschäftsstelle. Wir behandeln die Beschwerden nicht in den jeweiligen Spruchgremien. Aber wir geben die Kritik immer an die Redaktionen und Verlagshäuser weiter, allerdings ohne eine sanktionierende Wirkung.

Ruß-Mohl: Vielleicht kann man die Runde öffnen. Ich vermute, dass es aus dem Publikum auch Wortmeldungen gibt. Unter uns sitzt zum Beispiel auch der frühere Vorsitzende des Schweizer Presserats. Der Schweizer Presserat hat zumindest eins geschafft, was der Deutsche Presserat noch nicht geschafft hat. Er hat in der Medienöffentlichkeit Resonanz, soll heißen, die Medien berichten einfach sehr viel öfter über das, was der Presserat gemacht hat. Und das scheint mir das Hauptproblem zu sein. Nicht der Ressourcenmangel, sondern dieses Gremium sichtbar zu machen, die deutschen Journalisten dahin zu bringen, dass sie bereit sind, über solche Dinge zu berichten und auch eigene Fehler mal zu korrigieren. Da ist einfach mental eine Sperre, die mich zum Verzweifeln bringt, weil ich seit 20 Jahren dagegen anrenne aber vollkommen erfolglos geblieben bin. Ich glaube, in den Köpfen müsste sich etwas ändern.

Pöttker: Hier sitzen glaube ich einige, die seit vielleicht 15 oder 20 Jahren versuchen, den Presserat auf einen anderen Weg zu bringen.

Herr WOLFF, ich teile weitgehend Ihre Kritik. In einem Punkt bin ich allerdings nicht mit ihnen einer Meinung. Sie haben Herrn KOCKS zugestimmt. Aber Herr KOCKS hat nicht gesagt, dass der Presserat ein Feigenblatt ist, sondern dass der Presserat eine PR-Agentur ist. Und in diesem Punkt stimme ich überhaupt nicht zu. Denn eine PR-Agentur sorgt ja im Wesentlichen dafür, dass Öffentlichkeit entsteht und daneben sorgt sie vielleicht an anderen Stellen auch manchmal dafür, dass keine Öffentlichkeit entsteht. Aber dieses Verhältnis ist im Fall des Presserats doch sehr einseitig dahingehend, keine Öffentlichkeit entstehen zu lassen.

Ich sehe es ähnlich wie Herr RUß-MOHL. Ich glaube auch nicht, dass die Ressourcenknappheit das wesentliche Problem ist. Es gibt einfach auch Regularien der Beschwerdeverfahren, die eben dafür sorgen, dass wenig Öffentlichkeit entstehen kann. Zum Beispiel die Tatsache, dass die Beschwerdeverfahren nach wie vor hinter verschlossenen Türen stattfinden, während in jedem deutschen Gericht zumindest die Beweisaufnahme und die wesentlichen Teile des Prozesses öffentlich sind.

Ich habe viele Erfahrungen mit dem Presserat, aber ich will mir ersparen, weitere Anekdoten zu erzählen. Aber es ist einfach so, dass dieser Charakter einer PR-Agentur, die sich selbst als ein Gremium versteht, das Öffentlichkeit herstellen will, überhaupt nicht vorhanden ist. Obwohl es ja die Verleger und die Journalisten sind, die dort zusammen sitzen, die doch etwas davon verstehen, wie man Öffentlichkeit herstellt. Vielleicht auch ohne sehr großen Etat.

Ich glaube, dass da eine Veränderung des Selbstverständnisses stattfinden muss. Ich glaube, der Presserat versteht sich immer noch selber als eine Art von Gericht, und viele fordern deswegen auch schärfere Sanktionsmöglichkeiten. Das ist meines Erachtens etwas ganz Problematisches, denn scharfe Sanktionen sind in einem Rechtsstaat dem Staat vorbehalten, und das sollte so bleiben. Es sollte vielmehr auf das Wirkungsprinzip Öffentlichkeit selbst gesetzt werden. Und in der Schweiz – ich weiß auch nicht, ob es dort ideal funktioniert – funktioniert es aber auf jeden Fall besser. Die Neue Zürcher Zeitung berichtet regelmäßig und kontinuierlich über das, was der Schweizer Presserat gemacht hat und das dringt dort mehr in die Öffentlichkeit.

Wolff: Herr PÖTTKER, schönen Dank, dass sie mir die Chance geben, mich ein bisschen von KLAUS KOCKS abzusetzen. Ja klar, ich bin nicht der Meinung, dass der Presserat die PR-Agentur der Verleger ist. Deshalb sprach ich auch vom Feigenblatt. Meine Kritik richtet sich aber auch an die Verleger. Diese sind mit den Anzeigenblättchen ähnlich doppelzüngig wie mit den PR-Agenturen, die sie haben. Das ist das Eine.

Was die Öffentlichkeit des Presserats angeht, so glaube ich, dass die deutschen Medien viel interessierter und beherzter zugreifen würden, wenn der Presserat öffentlich tagen würde. Meines Wissens – Herr BLUM kann mich da korrigieren – lädt der Schweizer Presserat wenigstens Journalismusstudierende ein und ist in seiner Öffentlichkeitsarbeit viel offensiver. Er nimmt auch zu Problemen Stellung, ohne dass eine Beschwerde vorliegt. Das ist doch meine größte Kritik am Deutschen Presserat: Er hat die Möglichkeit, von sich aus ein Be-

schwerdeverfahren einzuleiten, aber er hat von dieser Möglichkeit –
ich glaube sie steht in Ziffer 1 der Beschwerdeordnung – noch nie Gebrauch gemacht.

Dabei haben wir doch, nicht nur im Falle von STRAUSS-KAHN, ge-
nügend Anlässe zu Reaktionen des Presserats. An Scheinheiligkeit
war doch nicht zu übertreffen, wie jedes Blatt fröhlich vor sich hin-
schrieb: „Es gilt grundsätzlich die Unschuldsvermutung, aber ein
schlimmer Finger war STRAUSS-KAHN immer schon." Da hätte sich
der Presserat hinstellen können und sagen können „Seht ihr eigentlich,
was ihr noch hier macht?". So etwas gehört auch zur Selbstkontrolle.

Und Sie haben Recht, Herr PÖTTKER, dafür braucht man nicht viel
mehr Geld. Dafür muss man nur etwas tun. Damit wäre uns schon geholfen. Und dann würden sich auch unsere Medien stärker einschal-
ten. Da sind uns die Schweizer Kollegen, glaube ich, in der Tat voraus.

Tillmanns: Ich glaube, dass wir bei 1.660 Beschwerden sind, und ich
gebe Ihnen die Garantie darauf, dass all diese Themen in Form von
Beschwerden präsent sind. Ob das STRAUSS-KAHN ist – da haben wir
mehrere Beschwerden laufen – oder KACHELMANN. Aber vorausei-
lend als 17. Fachinstanz einen klugen Spruch zu einem Ethikgrundsatz
loszuwerden, geht, glaube ich, an der Praxis vorbei. Es kann contra-
produktiv enden, wenn sich der Presserat – hart gesprochen – perma-
nent mit Belanglosigkeiten in der Branche melden würde. Ich glaube,
dass wir besser aufgestellt sind, die Kritik abzuarbeiten, die an uns
herangebracht wird.

Ruß-Mohl: Wenn ich mir jetzt angucke, was Herr KOCKS uns heute
vorgeführt hat in Bezug auf TEMPUS und FAZ etc. – das kannte ich
alles nicht – würde ich mir wünschen, dass der Presserat von sich aus

eingreift, weil man an dieser Stelle nicht davon ausgehen kann, dass Leserinnen und Leser auf ihn zu kommen.

Kocks: Was könnte denn von Nutzen sein? Was könnte Lehre bringen? Das kann ja nicht die Anzahl der bei Ihnen bearbeiten Fälle sein. Das wäre ja eine Argumentation wie die einer Nudelfabrik.

Tillmanns: Na die Themen, Herr KOCKS.

Kocks: Nein, Grundsätze! Wenn Sie Ihre Fälle nutzen, um Grundsätze deutlich zu machen, die gelten sollten oder nicht gelten sollten. Wenn dadurch der Presserat eine publizistische Autorität bekäme, die ihn ansprechbar machte zu Grundsätzen der Publizistik. Das müssen aber in Deutschlands Talkshows so Figuren wie JÖRGES und KOCKS machen, weil Sie sich überhaupt nicht um Autorität bemühen.

Tilmanns: Herr KOCKS, Entschuldigung, anlässlich des Amoklaufs in Winnenden haben wir eine selbstinitiativ einberufene Expertendiskussion zum Thema „Berichterstattung bei Amokläufen" veranstaltet. Wir haben dann einen Leitfaden dazu herausgegeben, der in der Öffentlichkeit stark nachgefragt wurde. Wir sind vom Bundespräsidialamt eingeladen worden, sind dorthin gegangen und haben erläutert, was die Presse an selbstregulativen Instrumenten hat und wie sie damit umgegangen ist. Und Sie erzählen, wir würden nicht eigeninitiativ tätig werden. Das ist falsch. Wir können es nur nicht bei allen möglichen alltäglichen Themen machen. Da kommt durch über 1600 Beschwerden eine ganze Bandbreite an ethisch greifbaren grundsätzlichen Fragestellungen auf den Presserat zu. Die können wir zusammenfassen und öffentlich machen. Ich finde diese Kritik geht ein bisschen an der Sache vorbei.

Blum: Zunächst einmal ein Lob: Ich finde die Öffentlichkeitsarbeit des Deutschen Presserats ist in den letzten fünf oder sechs Jahren deutlich besser geworden und ist heute eigentlich so, dass man mitbekommt, was der Presserat macht – wenn auch eben nicht von innen heraus, sondern von außen. Man hat heute mehr Material in der Hand und das ist doch ein großer Fortschritt gegenüber früher.

Zweitens, die Öffentlichkeit der Beratungen ist sowohl in Deutschland als auch in der Schweiz im Presserat nicht erreicht. In der Schweiz werden Studierende in ganz kleiner Zahl zugelassen, aber die Parteien, also die Beschwerdeführer und die Betroffenen der Beschwerde, werden nicht zugelassen. Und das, finde ich, ist ein Nachteil. Da sollten sich beide Länder wirklich überlegen, ob man nicht öffentlich berät. Denn letztlich geht es darum, dass solche Institutionen den Ethikdiskurs in den Medien führen und anführen, dass sie den Ton angeben.

Ich finde auch, dass Stellungnahmen aus eigenem Antrieb nötig sind, weil Beschwerden oft nicht genau so formuliert sind wie die Fragestellung letztlich lauten müsste. Im Fall Kachelmann wird dann vielleicht irgendein Detail eingereicht, aber eigentlich müsste die Grundsatzfrage thematisiert werden. Und diese Grundsatzfrage kann nur der Presserat selber definieren. Selber Stellungnahmen zu erarbeiten, selber wieder die Frage zu stellen, damit wieder gewisse Leitfragen der Medienethik diskutiert und beantwortet werden, halte ich für sehr wichtig. Und wichtig ist es auch, sich immer bewusst zu sein, dass Ethik nicht etwas ein für alle Mal Festgelegtes ist, sondern dass der Diskurs laufend geführt werden muss und sich Veränderungen ergeben.

Ruß-Mohl: Herr WOLFF, ein Schlusswort.

Wolff: ROGER BLUM hat das eigentlich schon gesagt. Wir brauchen die Diskussion der Leitfragen und da wünsche ich mir ein beherztes Auftreten des Presserats. Dann ist die Identität des Journalismus auch wieder erkennbar und klar.

Dazu wünsche ich mir auch beherzteres Eingreifen des Presserats auf all den Schlachtfeldern, die sich im Moment auftun. Ich meine das Internet einschließlich Schleichwerbung und Produktverkäufe. Wir haben im Moment bei den Verkäufern in den Verlagen und in den Internetredaktionen eine Mentalität, die vielfach jenseits des normativ Korrekten ist, wie wir es im Pressekodex finden. Und wir haben gleichzeitig eine extrem zögerliche Einstellung und Herangehensweise des Presserats. Hier könnte der Presserat seine Prinzipien immer wieder erläutern und verdeutlichen.

Tillmanns: Ich nehme das als unterstützende Kritik mit. Ich werde darüber berichten und ich kann mir vorstellen, dass die Überlegung, Leitfäden zu publizieren, sinnvoll ist, um damit weniger auf der restriktiven als auf der präventiven Ebene zu arbeiten. Das ist durchaus erkannt, und ich bin ganz zuversichtlich, dass wir die Arbeit da verstärken.

Ruß-Mohl: Dann bleibt mir ein Wort des Dankes an die Gastgeber und an die Veranstalter. Ganz besonders an Herrn WOLFF, der sozusagen das geistige Oberhaupt war, das im Hintergrund das Programm gestaltet hat. Und natürlich auch an seine Mitstreiterinnen und Mitstreiter, die das alles möglich gemacht haben. Aber auch an Sie alle, die Sie mit interessanten Fragen sehr zum Gelingen dieses Tages beigetragen haben. Ich erinnere mich an einen von Herrn LILIENTHALS „Brühwürfeln des Denkens". Vielleicht haben Sie es auch noch gegenwärtig. „Offener Tag im Garten Eden". Und ein kleines bisschen – was die

Anregungen anbelangt, die es heute hier von den verschiedenen Referenten gegeben hat – habe ich das für mich jedenfalls so empfunden.
Ich hoffe, dass es Ihnen allen ähnlich gegangen ist.

Referentenverzeichnis

Univ.-Prof. Dr. DIETER DÖRR
Lehrstuhl für Öffentliches Recht, Völker- und Europarecht, Medienrecht, Johannes Gutenberg-Universität Mainz

Univ.-Prof. Dr. VOLKER LILIENTHAL
Rudolf-Augstein-Stiftungsprofessur für
Praxis des Qualitätsjournalismus, Institut für Journalistik und Kommunikationswissenschaft, Universität Hamburg

Univ.-Prof. Dr. HANS MATHIAS KEPPLINGER
Institut für Publizistik, Johannes Gutenberg-Universität Mainz

Prof. Dr. KLAUS KOCKS
CATO Sozietät für Kommunikationsberatung GmbH, Horbach

RA LUTZ TILLMANNS
Geschäftsführer Deutscher Presserat e.V.

Univ.-Prof. Dr. VOLKER WOLFF
Journalistisches Seminar, Johannes Gutenberg-Universität Mainz

Univ.-Prof. Dr. STEPHAN RUß-MOHL
Facoltà di scienze della comunicazione, Università della Svizzera italiana, Lugano

Schriftenreihe der Demokratie-Stiftung der Universität zu Köln

www.peterlang.de